ŒUVRES
COMPLÈTES
D'ÉTIENNE JOUY,

DE L'ACADÉMIE FRANÇAISE;

AVEC DES ÉCLAIRCISSEMENTS ET DES NOTES.

Essais sur les mœurs.

TOME XIII.

PARIS
IMPRIMERIE DE JULES DIDOT AÎNÉ,
RUE DU PONT-DE-LODI, N° 6

1823.

AVERTISSEMENT.

Au moment d'entrer en Normandie, je reçois la lettre suivante :

« J'apprends, cher ermite, que vous êtes
« sur le point de visiter cette Normandie,
« au fond de laquelle vous me reprochez,
« avec une si aimable colère, d'avoir fui le
« commerce des muses : essayez seulement

« de me prendre pour guide; vous verrez
« que je n'ai pas tout-à-fait perdu mes loi-
« sirs, et que vous avez plus d'une fois oc-
« cupé ma pensée.

« Vous avez guidé mes premiers pas dans
« la carrière théâtrale, permettez-moi de
« diriger les vôtres dans le pays qui m'a vu
« naître, et d'introduire dans votre riche
« galerie quelques esquisses crayonnées
« d'après vos leçons. *Nota tibi manus, nota-*
« *que amicitia.*

« N. L. F. »

J'ai accepté avec empressement une offre
qui devait abréger mes courses et mes recherches : c'est donc avec mon jeune ami,
N. Lefebvre, désigné dans cette partie de
mon voyage sous le nom de Léon, que
j'ai parcouru la Normandie. J'ajouterai que
les esquisses qu'il m'avait annoncées m'ont

le plus souvent offert des tableaux complets, et quelques coups de pinceau m'ont suffi pour leur donner cette identité de manière et de coloris qu'on aime à rencontrer dans l'ensemble d'une grande composition.

OBSERVATIONS

SUR

LES MŒURS FRANÇAISES

AU COMMENCEMENT DU 19ᵉ SIÈCLE.

VOLUME XIII.

L'ERMITE
EN PROVINCE.

N° CXLV. [1ᵉʳ MAI 1823.]

LA ROUTE D'EN-BAS.

> Dans un chemin montant, sablonneux, malaisé,
> Et de tous les côtés au soleil exposé,
> Six forts chevaux tiraient un coche.
>
> LA FONTAINE, liv. VI.

Quand on veut bien connaître un pays, ce n'est peut-être pas en diligence qu'il faut le parcourir; mais, quand on veut étudier les hommes, on ne peut choisir d'observatoire plus amusant et plus varié que les voitures publiques : aussi, en ma qualité de peintre de mœurs, laissé-je rarement échapper l'occasion d'y prendre place. Un de mes jeunes amis, Léon ***, Normand d'origine et amateur passionné de sa province, qui a réclamé de moi ce qu'il appelle la faveur d'être mon *cicerone en Normandie*, voulait à toute force m'emmener en poste avec lui; mais j'avais entendu parler avec tant d'éloge des voitures publiques de Paris à Rouen, que je l'engageai à envoyer sa calèche en avant et à prendre avec moi la diligence.

En effet, ce serait omettre un trait important dans le tableau d'un voyage en Normandie que de ne pas parler des voitures qui partent, presque à chaque heure du jour et de la nuit, de Rouen pour Paris et de Paris pour Rouen.

Léon, qui sait que nos jugements dépendent souvent de nos premières impressions, n'a pas voulu consentir à prendre *la route d'en-haut* qui passe par Pontoise, Magny, et traverse des plaines fertiles, mais nues et peu variées : c'est par ses beaux côtés qu'il a voulu d'abord me faire connaître le pays de ses plus chères affections, et il a été arrêté que nous irions par *la route d'en-bas,* qui longe dans presque toute son étendue les bords enchantés de la Seine.

Nous nous sommes donc rendus, à cinq heures du matin, dans la cour des *Messageries*, qu'a déjà décrite un des ermites mes prédécesseurs, et dont le pinceau ingénieux de *Boilly* a retracé si fidèlement les scènes animées et la bizarre cohue. Tout y était encore silencieux; le calme du matin, toujours plus profond à Paris que celui de la nuit, n'était troublé que par le roulement de quelques fiacres qui amenaient les voyageurs, et par les juremens des postillons, qui attelaient leurs chevaux.

Il faut avouer que c'est un lieu de réunion d'une espèce toute particulière qu'une diligence. La liberté et l'égalité la plus parfaite y règnent. Là vous paraissez en bonnet de nuit à côté de gens devant qui vous ne vous présenteriez par-tout ailleurs qu'en habit habillé; là vous formez en moins d'un jour des liaisons qui durent quelquefois toute la vie; là tel homme qui ne vous a jamais vu vous dévoile sans défiance le secret de sa famille et de ses affaires; là une femme peut, sans porter la moindre atteinte à sa réputation, passer une nuit côte à côte, tête à tête avec le premier *Hulla* que le hasard et la *feuille* lui assignent.

Quoi qu'il en soit, l'intimité ne s'établit pas sur-le-champ, et la première heure au moins est donnée à un examen réciproque. Nous étions mutuellement occupés à prendre nos signalements, pendant que les chevaux nous entraînaient au grand trot loin de ce bel arc de triomphe de *l'Étoile*, dont la victoire avait jeté les premiers fondements, et qu'elle a laissé imparfait.

Un jeune homme, qui n'était monté en voiture qu'aux Champs-Élysées, avait pris sa place auprès d'une jolie petite marchande qui allait acheter des mouchoirs et des siamoises à Rouen; je sus bientôt à quoi m'en tenir sur le compte de ces deux personnages.

Quelque temps se passa avant que je pusse deviner un commandeur de Malte dans un petit monsieur coiffé à l'oiseau royal, et qui, bien que son âge ne fût plus celui des amours, lorgnait la marchande en homme qui n'a pas fait vœu de chasteté. Une croix en broderie blanche, que je n'avais pas d'abord aperçue, me révéla son titre et son rang.

Quant à notre quatrième compagnon de voyage, je ne savais à quelles conjectures me livrer sur son compte. C'était un vieillard dont la physionomie ne manquait pas d'originalité, mais dont l'accoutrement demi-bourgeois, demi-manant, n'indiquait ni le rang ni la profession. Il était enveloppé d'une large redingote noire, et avait la tête affublée d'un bonnet de coton par-dessus lequel il avait enfoncé un vaste chapeau. Je n'aurais jamais imaginé quel personnage ce pouvait être, s'il ne se fût annoncé tout-à-coup lui-même en ces termes : « *C'est une chose épouvantable que la révolution!* Je suis le plus ancien aumônier des régiments de France : je me suis laissé persuader qu'il n'y avait de vrais Français que ceux qui habitaient en Angleterre; j'y suis resté le dernier, et quand je reviens toutes les places sont prises. *C'est un miracle!* »

C'était un drôle de corps que le plus ancien aumônier des régiments de France! Son caractère se composait d'un fond de préjugés dont il n'avait jamais pu se débarrasser, d'une raison vive qui lui faisait sentir la justesse des choses qui choquaient le plus ses opinions, d'habitudes prises chez un peuple libre, et d'une franchise plus militaire qu'ecclésiastique qui ne lui permettait pas de retenir la moins importante de ses réflexions. Il résultait de ce mélange d'éléments hétérogènes le plus bizarre assemblage. Par exemple, cet ancien aumônier ne commençait jamais une phrase autrement que par ces mots : *C'est une chose épouvantable que la révolution!* et il la terminait presque toujours en faisant l'éloge des résultats de cette même révolution, dont les avantages frappaient d'autant plus ses yeux, qu'il se réveillait en quelque sorte au milieu de la France comme un nouvel Épiménide, après vingt-cinq ans de sommeil. Ses éloges étaient toujours couronnés par une exclamation qui avait déja terminé sa première phrase : *C'est un miracle!*

Il occupait un des angles de l'intérieur, et, la tête appuyée sur un coussin épais qui le tapissait, se laissait aller au doux balancement de la voiture. Il paraît que la position lui plaisait, car il s'écria bientôt : « *C'est une chose épouvantable que la révolution!* Vous avouerez cependant avec moi qu'on ne voyageait point ainsi il y a vingt-cinq ans. Je suis venu de Rouen à Paris par l'autre route en dix heures, pour dix francs : *c'est un miracle!* »

M. le commandeur de Malte, que cet éloge du temps présent parut choquer, voulut nous démontrer qu'on voyageait beaucoup plus agréablement dans le temps passé, où l'on était trois jours à aller de Paris à Rouen. Il nous prouva avec beaucoup de logique que ces communications si faciles et si rapides annonçaient la dissolution du corps social, la stagnation du commerce; car, disait-il, si les affaires étaient florissantes et faciles, on ne se donnerait pas tant de mouvement pour en faire de nouvelles.

Au fond c'était un brave homme que ce vieux aumônier, et il eût été digne d'un meilleur sort que celui qu'il avait éprouvé. Il nous apprit qu'il venait de passer six semaines à Paris, où il avait dépensé cinquante louis pour solliciter une pension de retraite de six cents francs, dont il n'aurait peut-être pas joui deux ans, comme il le remarquait très bien lui-même. « *C'est une chose épouvantable que la révolution!* ajouta-t-il; j'avais vingt ans de service en 1791, et on me refuse une pension, tandis qu'on en prodigue à une foule de blancs-becs qui n'étaient pas baptisés quand j'avais gagné la mienne. Après tout, si la pension que j'ai méritée retombe sur la tête de quelque brave, je m'en consolerai, car je ne vous cacherai pas que j'avais quelque honte à me trouver dans l'antichambre du ministre à côté de ces vieux grenadiers à deux ou trois chevrons, et tous mutilés, qui venaient réclamer un pain gagné au prix de leur sang. Quand nos messieurs faisaient de la tapisserie, un prêtre qui disait bien sa messe avait autant de droits qu'eux à une retraite ; mais depuis les choses ont bien changé ; soldats et officiers, tout le monde s'est battu, et Dieu sait ce qu'ils ont fait : *c'est un miracle!* »

Pendant cette espèce de monologue du vieux aumônier, un vent frais apportait jusqu'à nous les douces émanations qu'exhalaient les champs de roses dont la route est bordée depuis *Neuilly* jusqu'à *Nanterre*. Bientôt nous arrivâmes au hameau qui vit naître l'humble patronne de Paris. Je jetai les yeux sur les coteaux où jadis elle conduisait ses brebis : ils ne sont couverts aujourd'hui que de vignes et de roses, doux produits qui semblent annoncer au voyageur qu'il va porter ses pas dans une ville vouée à tous les plaisirs.

Après la célébrité que Nanterre tire de sa bergère et du puits miraculeux où Louis XIII, cédant aux instances de Mazarin et de la reine, alla chercher un héritier, si ce n'est de sa puissance, au moins de son trône, un des premiers titres de cet humble village à la renommée est sans contredit l'excellence de ses gâteaux.

La diligence s'arrête quelques minutes à Nanterre. Une des jeunes filles du village, en bonnet plissé et en bavolet blanc, vient offrir des gâteaux aux voyageurs, tandis qu'un aveugle, un petit flageolet sous le bras et un long bâton à la main, s'avance jusqu'à la portière de la voiture, où il commence un air sur son chalumeau.

O Sterne, peintre original qui emportas tes pinceaux dans la tombe, pourquoi l'aveugle de Nanterre ne s'est-il pas présenté sur ta route? Quelles douces larmes il eût fait couler de nos yeux! Avec quel naturel tu nous l'eusses peint, sortant de son humble cabane! Avec quelle anxiété tu nous eusses fait suivre tous ses mouvements, lorsque tu nous l'aurais montré se glissant au milieu des chevaux impatients, ou rasant les roues dont le moindre mouvement peut l'écraser! Quelle harmonie touchante tu nous eusses fait trouver dans les sons faux et monotones de son plaintif flageolet! Deux mots de ta plume auraient fait la fortune du pauvre aveugle. Sa flûte, enchantée par la magie de ton style, aurait désormais suffi à tous ses besoins, satisfait tous ses vœux; mais tu n'es plus, et souvent le voyageur, harcelé par la fatigue de la route, ou réveillé par les sons de l'aigre chalumeau, rebutera le pauvre aveugle, obligé d'exposer chaque jour sa vie à la fougue des chevaux ou à la maladresse des postillons.

Pendant que j'achevais *in petto* cette invocation au voyageur sentimental, l'aveugle jouait ce refrain si connu:

>L'amour, l'estime, et l'amitié,
>Sont les compagnons du voyage.

Je n'avais pas remarqué le commencement de l'air, mais je crus distinguer dans le refrain une des plus jolies romances de ce spirituel et fécond *Nicolo*, qu'une mort prématurée a enlevé trop tôt, non pas pour sa gloire, mais pour les arts et pour l'amitié. La romance de *Léonce*, qui me rappelait à-la-fois un souvenir doux et pénible, valut à l'aveugle une rétribution plus abondante qu'il n'a coutume d'en recevoir. Je la glissai dans sa main, et la voiture partit pendant qu'il m'accablait de remerciements que je n'entendis pas.

La route de *Nanterre* à *Saint-Germain* suit les rives sinueuses de la Seine, dont les eaux serpentent à la droite du voyageur, tandis qu'à sa gauche s'élèvent de riants coteaux sur lesquels sont disséminés en amphithéâtre une foule de jolies maisons de plaisance et de jardins délicieux. Celle de ces charmantes habitations dont les aspects riches et variés attachent le plus long-temps la vue est *la Malmaison*, séjour dévasté par les Prussiens, sous les ordres de ce *cher M. Blucher*, et auparavant embelli par une femme que le sort semblait avoir placée au milieu des partis pour les concilier tous. Appelée par la fortune à tempérer plutôt qu'à partager un pouvoir souvent despotique, elle n'entendit jamais la voix du peuple lui en reprocher les rigueurs. L'histoire dira ses chagrins et ses peines, lorsque, par le plus généreux dévouement, elle sacrifia ses affections et sa couronne à l'ambition de l'homme prodigieux dont le bonheur lui était plus cher que le sien; elle montrera l'étoile de cet être inconcevable commençant à pâlir le jour même où il rompit les nœuds qui enchaînaient sa destinée à celle de cette femme angélique : elle la présentera mourante dans le temps même où son aveuglement le précipita du trône; semblable à ces génies tutélaires qui s'éloignent des objets de leur protection, au moment où, infidèles à leurs inspirations et sourds à leurs conseils, ils abandonnent le chemin du devoir et de la vertu. L'histoire remarquera aussi qu'à l'époque où l'on brisa en France, avec une rage ignoble, les idoles que l'on avait adorées avec bassesse pendant vingt ans, où presque tout ce qu'il y avait eu de vertus et de belles actions pendant ce laps de temps fut souillé par les poisons de la haine et de la calomnie, où la mort même n'offrit pas toujours aux victimes un sanctuaire inviolable; l'histoire remarquera, dis-je, que la mémoire de Joséphine fut toujours respectée, et que son tombeau fut un asile où la fureur des partis n'osa pénétrer.

Après la Malmaison, le premier objet qui me parut digne de figurer sur mes notes fut la *Machine de Marly,* vaste et dispendieux monument dont les ruines, comparées à la belle pompe à feu qu'on élève pour la remplacer, ne serviront bientôt plus qu'à attester les progrès incommensurables faits depuis trente ans dans les sciences mathématiques et mécaniques.

Un peu plus loin, à une petite distance du bas de la côte de Saint-Germain, la jolie marchande, qui n'avait encore rien dit, nous fit remarquer, à gauche de la route, un vieux château en briques. Elle nous apprit que ce château avait été bâti par Henri IV pour la belle Gabrielle : c'est au moins le trentième château auquel j'entends attribuer la même origine. Elle nous montra même une croisée de laquelle la charmante d'Estrées faisait à son royal amant des signaux qu'il apercevait de Saint-Germain.

Nous fîmes bientôt notre entrée dans cet ancien séjour des rois que Louis XIV aimait fort peu parcequ'on découvrait de là les tours de Saint-Denis, et que ce monarque altier ne pouvait entrevoir, même dans le lointain, l'inévitable terme de sa puissance. On sait que c'est autant pour s'arracher à cette vue importune que pour satisfaire ses goûts magnifiques qu'il créa Versailles. Marie de Médicis, qui n'avait point la même faiblesse que le grand roi, chérissait au contraire le séjour de Saint-Germain. Cette prédilection a été consacrée par la réponse de Bassompierre, à qui la reine vantait les agréments de cette résidence : « Ici, lui disait-elle un jour, j'ai un pied à Saint-Germain et l'autre à Paris. — En ce cas, madame, ajouta le galant maréchal, il me serait doux d'être à Nanterre. »

Saint-Germain n'a de remarquable que le château, que nous n'avions pas le temps de visiter, et le parc de Noailles, dont les sites variés, les chaumières, et les fabriques dédommagent un peu de l'aspect monotone de la forêt, que la route traverse en ligne droite jusqu'aux portes de *Poissy*, ville qui se présenta à nous dans son jour de gloire, attendu que c'était un jour de marché.

Si on excepte les vastes carrières de plâtre de *Triel*, plus utiles qu'agréables à la vue, il n'y a rien de bien remarquable de *Poissy* à *Meulan;* mais il est difficile d'imaginer une plus jolie route que celle de *Meulan* à *Mantes*: elle offre, sur la droite, une suite non interrompue de jardins ravissants, qui souvent forment sur la tête du voyageur des berceaux de rosiers, de lilas, d'ébéniers, de chèvrefeuilles, et d'acacias, dont les suaves parfums vous enivrent, pendant que des enfants courent aux portières de la voiture, inondent les voyageurs d'une pluie de fleurs, et cherchent à attirer leurs regards par des sauts légers et des tours de souplesse, jusqu'à ce qu'ils aient obtenu quelques pièces de monnaie en échange de leurs bouquets et de leurs gambades. Sur la gauche, vous longez les rives de la Seine, qui s'étend quelquefois jusqu'au bord de la route, et d'autres fois se dérobe à vos yeux derrière d'immenses rideaux de peupliers.

Triel, Vaux, Thun, Meulan, telle est l'énumération exacte des lieux que l'on parcourt avant d'arriver à Mantes. Un des rivaux de M. de Bièvre a trouvé, dans la prononciation rapide et successive de ces quatre mots, un calembour qui donne au modeste village de Triel une importance qu'il est loin d'avoir.

N° CXLVI. [8 mai 1823.]

ENTRÉE EN NORMANDIE.

> J'entre, et dans le même moment
> Je vois arriver en deux bandes
> Trois Normands, et quatre Normandes.
> J. B. ROUSSEAU.

Enfin M. le plus ancien aumônier des régiments de France aperçut avec sa lorgnette anglaise le sommet des tours de la cathédrale de *Mantes*. C'était le signal du déjeuner, et il en bénit Dieu. En effet, en moins d'un quart d'heure nous fûmes à la porte de *l'hôtel du Grand-Cerf*, où madame Duperray, bonne petite femme bien rondelette, qui devait être assez jolie il y a trente ans, se présenta pour nous recevoir. L'aumônier, malgré sa goutte, ne fit qu'un saut de la voiture dans la salle à manger. La cuisine de madame Duperray était excellente, aussi notre aumônier s'écria-t-il : « *C'est une chose épouvantable que la révolution !* je ne me consolerai jamais d'avoir passé vingt-cinq ans de ma vie en Angleterre à payer deux guinées un dîner qui ne me coûte que trois francs à Mantes; mais aussi vous conviendrez que *c'est un miracle.* »

Mantes est agréablement située sur les bords de la Seine, qui forme sous ses murs plusieurs îles, dont la plus riante porte le nom d'*Ile d'Amour,* auquel elle a, dit-on, des droits incontestables. Cette ville était autrefois citée pour l'ignorance et l'inhumanité de ses juges; et, par un contraste assez bizarre, ses jeunes filles avaient une réputation fondée sur des motifs tout-à-fait opposés; mais je dois le dire, c'était avant la révolution.

En sortant de Mantes, on est bientôt dans les bois immenses que Sully vendit pour aider son maître à conquérir son trône. Au milieu de ces bois sont situés le village et le château de *Rosny.*

Je ne voyais pas sans inquiétude la diligence s'engager dans la route qui y conduit, en songeant que deux ou trois ans auparavant j'avais versé tout près de ce village; je fus agréablement surpris en m'apercevant que la route venait d'être pavée dans les endroits les plus sablonneux, et que le reste, nouvellement réparé, offrait au voyageur un sol ferme et roulant. Je cherchais à m'expliquer cette amélioration subite quand je me rappelai que le château de Rosny avait passé des mains de M. Archambault de Périgord dans celles de S. A. R. madame, duchesse de Berri. Il en a été de cette route à-peu-près comme du passage de la Seine à Neuilly; on le traversait encore en bac sous Henri IV ; mais le roi ayant manqué de s'y noyer, MM. les ingénieurs jugèrent aussitôt qu'un pont était indispensable en cet endroit.

Peut-être eût-il été à desirer que l'habitation de Sully fût devenue la propriété de quelqu'un de nos ministres. Son Excellence, en venant loin de la sphère où s'agitent l'ambition et l'intrigue chercher le repos dans le silence des bois, sous ces voûtes de verdure qui ont ombragé la tête de l'ami de Henri IV, aurait sans doute retrouvé quelques unes des généreuses et patriotiques inspirations de ce ministre citoyen, qui n'usa jamais de la faveur du prince que pour faire pénétrer la vérité jusqu'à lui, et de sa puissance que pour adoucir les malheurs du peuple.

Pour perpétuer sa douleur dans un pays où elle avait cru trouver le théâtre de ses plus doux plaisirs, la duchesse de Berri a fait élever une chapelle où est déposé le cœur de son époux ; tout à côté elle a fondé un hospice. Ce rapprochement est juste et touchant. C'est dans la bienfaisance qu'est la source la plus féconde et la plus pure des consolations que nous puissions trouver sur la terre.

Rolleboise, qui se présente après Rosny, est un petit village qui n'a d'autre célébrité que celle de ses pataches qui amènent les voyageurs depuis Rouen, et de sa galiote qui les conduit jusqu'à

Poissy. Nous montions à pied la côte de Rolleboise, du haut de laquelle on découvre d'immenses et riches campagnes, arrosées par la Seine, et couronnées d'un côté par de riants coteaux, tandis que de l'autre elles sont bornées par le parc et la forêt de Rosny, lorsque Léon m'arrêta tout-à-coup, et m'engagea à promener mes regards sur le pays qui nous environnait. « C'est ici le lieu, me dit-il d'un ton solennel, de remarquer une différence, qui devient plus sensible aux yeux de l'observateur à mesure qu'il s'éloigne davantage de Paris, entre le spectacle qu'offrent les campagnes qui environnent cette capitale et celui que présente cette contrée féconde. Ce ne sont plus ces champs de roses de Nanterre, ces plans de cerisiers et de groseilliers, au milieu desquels on aperçoit à peine quelque étroit sillon de blé ou d'avoine; on n'a point ici à varier des fêtes continuelles, à alimenter des plaisirs sans cesse renaissants; on n'a point à semer de fleurs les pas de ces nymphes légères qui sont fanées quelquefois avant la rose qui embellit leur sein; on n'a point à couronner la coupe, à joncher la couche de ces modernes Sybarites, dont les sens usés ont besoin d'être à chaque instant réveillés par de nouvelles jouissances. Tout est voué à l'utile, et cependant l'aspect de la nature offre un charme inexprimable. Les dômes verdoyants de ces vastes forêts, la beauté de ces riches moissons à perte de vue, et dont les douces ondulations présentent assez bien l'image d'un lac tranquille, sont d'un ordre sévère, et portent un caractère de majesté qui dédommage amplement du joli coup d'œil des marqueteries rurales des environs de Paris. Il semble aussi que la végétation ait ici plus d'éclat et de vigueur. Les arbres y sont plus nombreux et plus forts; leur feuillage est plus touffu, les gazons, émaillés de fleurs, offrent des tapis plus épais et de plus riches couleurs.

Léon avait à peine achevé ces mots, que la voiture nous rejoignit, et que chacun y prit sa place. La route jusqu'à *Vernon* est presque continuellement resserrée entre la Seine,

Dont les bords sont couverts de saules non plantés
Et de noyers souvent du passant insultés,

et des rochers taillés à pics, dont les éclats semblent menacer de leur chute les chétives habitations qui y sont adossées.

Nous traversâmes Vernon trop rapidement pour en pouvoir faire l'objet de quelque observation particulière. Je n'eus que le temps d'apercevoir, sur une porte gothique, cette inscription: *Hôpital fondé par saint Louis*. La vue de cet utile établissement me causa plus de plaisir que n'aurait pu m'en faire l'aspect du plus bel arc de triomphe. L'un m'eût rappelé le massacre de quelques milliers d'hommes, l'autre me donnait l'assurance que depuis sept cents ans, l'humanité souffrante n'avait jamais inutilement demandé des secours et un asile dans cette enceinte. Je m'en éloignai en bénissant la mémoire du bon roi, qui eût pu fonder plus d'hôpitaux encore sans la pieuse folie des croisades.

Nous laissâmes sur la gauche, en sortant de Vernon, le beau château de *Bizi*, célèbre par ses jardins, ses bois et ses cascades; un peu plus loin la terre de *Saint-Just*, qui appartient à M. le maréchal Suchet. Sur les hauteurs de l'autre rive, on remarque le joli château de M. le général Brémont [1]. Nous eûmes l'occasion de remarquer encore, jusqu'à *Gaillon*, un grand nombre de jolies habitations qui enrichissent et coupent agréablement le paysage.

« Remarquez-vous, me dit Léon, que ces jolies maisons de plaisance, qui, pour être un peu moins considérables qu'aux environs de Paris, n'offrent cependant ni moins d'élégance dans leur architecture, ni moins de variété dans les jardins qui en dépendent, ne sont point situées en alignement sur les bords de la grande route comme celles que l'on rencontre de Paris à Mantes? Il semble même qu'on ait pris soin de les en éloigner, comme si l'on pensait à Paris qu'il importe peu d'être heureux, si on ne le paraît aux yeux des autres; et en province au contraire, que le bonheur ne se trouve que dans

---

[1] Devenu aujourd'hui la propriété de M. Casimir Delavigne.

la solitude et loin des voies où la foule se précipite à sa recherche. »

Pendant qu'il parlait ainsi, une brise légère apporta jusqu'à nous les suaves odeurs qui s'exhalaient d'un plan de pommiers en fleurs..... L'aspect d'un pommier est aussi doux pour un Normand que celui d'un oranger pour un Provençal, ou d'un palmier pour l'habitant du désert ; aussi Léon salua-t-il trois fois l'enclos qui en était ombragé, puis il ajouta : « Il est du bel air, pour vous autres Parisiens, de nous plaisanter sur notre penchant pour les pommes ; mais de bonne foi, mon cher Ermite, dites-moi s'il n'y aurait pas de l'ingratitude à un Normand de n'avoir pas une prédilection toute particulière pour ce fruit qui, après avoir embaumé ses champs au printemps, enrichit ses celliers en automne, et lui fournit toute l'année une boisson dont les flots dorés répandent une fraîcheur salutaire dans tous ses sens, ou font circuler dans ses veines des esprits non moins actifs que ceux du vin le plus impétueux.

« S'il faut en croire une vieille tradition, c'est en punition des ravages qu'ils firent en France que les Normands furent privés de la vigne qui croissait autrefois dans la Neustrie, et qu'ils furent condamnés par la vengeance céleste à boire du cidre au lieu de vin ; j'aurai l'occasion de vous prouver que la punition est assez douce. Il y a des gens qui ont prétendu aussi que l'usage habituel du cidre nuisait, ainsi que celui de la bière, à l'exercice des facultés intellectuelles, mais on répond à de pareils arguments par ce mot si naif de Lemierre, devant qui on discutait aussi l'influence des différentes boissons sur le génie poétique : « Corneille, dit-il, buvait du cidre, Racine buvait du vin, je bois de l'eau, et vous voyez. »

Un éclat de rire général accompagna cette ingénuité d'amour-propre de l'auteur du *vers du siècle*. Mais l'aumônier nous ramena au sujet de la conversation par une discussion historique et agronomique sur les pommiers. Pour moi, j'avoue que je préfère à l'érudition du bon aumônier la gracieuse fiction dont Bernardin de Saint-Pierre, qui était aussi Normand, a enrichi son *Arcadie*.

Préoccupé de cette réminiscence, je laissais fuir sans le regarder le pays que nous traversions, lorsque Léon me tira de ma rêverie pour me faire remarquer à notre gauche le modeste hameau *d'Abloville* que l'on aperçoit un peu avant d'entrer à *Gaillon*; je l'en remerciai lorsqu'il m'eut appris que c'était l'asile où Marmontel vint, durant la tourmente révolutionnaire, dérober sa tête à la hache des bourreaux; c'est dans une petite maisonnette de ce village qu'il a écrit ses Mémoires et tous les ouvrages qu'il a faits pour ses enfants; c'est aussi là que ses cendres reposent. Léon, qui a recueilli tout ce qui peut intéresser sa province et les hommes célèbres qui l'ont habitée, prit de là occasion de réciter un impromptu inédit qu'il m'assura avoir été composé par Marmontel, deux jours avant sa mort, pour la fête de sainte Victoire, patronne de madame D. L. P., et de madame D. B., sa fille.

J'ai cru devoir recueillir ces derniers sons de la lyre du chantre de *Didon* et de *Zémire*:

> Il fut un temps qu'avec un peu de gloire
> J'aurais tenté de faire un impromptu;
> Mais à présent, Amour, que me veux-tu?
> C'est au vainqueur à chanter sa victoire.
> Si de l'amour le plaisir suit les traces,
> Rien ne doit plus surprendre à C...cour;
> Et c'est encore ici la même cour
> Où la beauté fut la mère des Graces.

J'achevais de transcrire ces vers sur mon *album*, lorsque nous entrâmes à Gaillon.

N° CXLVII. [16 mai 1823.]

L'HOMME AUX SOUVENIRS.

> Si je voulais flatter, je dirais que la noblesse
> est à la vertu ce que l'esprit est à la beauté.
> ANONYME.

La calèche de Léon nous attendait à Gaillon. Après avoir visité l'ancien palais des archevêques de Rouen, que l'on a transformé en maison de détention, nous quittâmes cette ville, en nous dirigeant par des chemins de traverse sur *les Andelys*. Nous étions attendus chez M. N***, ami de Léon, riche propriétaire, qui possède, à peu de distance de cette petite ville, une des plus jolies habitations qu'un sage puisse choisir pour retraite.

Nous trouvâmes chez M. N*** la plus brillante compagnie du canton. J'aurais peut-être préféré une réception moins solennelle; mais il eût été impossible d'en desirer une plus amicale et plus hospitalière. Je me mis promptement à l'unisson; et, grace à un grand monsieur qui m'aborda avec la simplicité des temps anciens, je connus au bout d'un quart-d'heure le nom, le rang, la fortune, la profession, et les aïeux de tous les assistants.

Ce qui m'étonnait le plus dans mon interlocuteur c'est qu'au milieu de cet étalage de généalogies, il ne paraissait nullement dominé par ce préjugé, frivole quand il n'est pas absurde, qu'attachent ordinairement à la naissance ceux qui en parlent avec tant de détails : il était facile de juger au ton de ses discours que c'était plutôt des faits historiques qu'il exposait, que des titres de noblesse qu'il prétendait exhumer; et l'on reconnaissait à travers cette manie des origines, un savant profondément instruit sur l'histoire de France et particulièrement sur celle de Normandie.

M. N***, qui s'approcha de nous, m'apprit en effet que son ami avait consacré quarante ans de travaux et d'études à recueillir sur chaque ville, chaque canton, chaque village, et chaque famille noble de cette province, tous les détails historiques qui pouvaient s'y rattacher. Cette idée, qui absorbe chez lui toutes les autres, le rend presque entièrement étranger aux événements contemporains; il ne vit pour ainsi dire que dans le passé, aussi a-t-il été surnommé par ses amis *l'Homme aux souvenirs*. C'était une attention délicate de la part de M. N*** d'avoir ménagé ma rencontre avec un homme qui pouvait me tenir lieu d'une bibliothèque tout entière. Je ne laissai pas échapper l'occasion de lui en témoigner ma gratitude, et de mettre à profit les connaissances de *l'Homme aux souvenirs.*

Les vieillards dorment peu, et quoique quelques uns s'en plaignent, c'est encore un bienfait de la nature. Le jeune homme, aux yeux duquel l'avenir se présente sans bornes, est prodigue du temps; il peut le dépenser en plaisirs, en sommeil, en projets; mais le vieillard, qui ne doit compter que sur le présent, est plus avare des heures; en employant celles de la nuit, il double les jours qui lui restent.

Tout le château était encore plongé dans un profond repos, quand nous nous rencontrâmes face à face, au détour d'une des allées du jardin, *l'Homme aux souvenirs* et moi; nous ne tardâmes pas à en venir au continuel sujet de ses travaux et de ses méditations.

« Hélas! me dit en poussant un profond soupir M. de Lillers, c'est le nom sous lequel je cacherai celui du modeste et savant *Homme aux souvenirs,* ce n'est plus la Normandie que vous allez parcourir, ce sont les départements de l'Eure, de la Seine-Inférieure, du Calvados, de l'Orne, et de la Manche. L'assemblée nationale a démembré cette belle province, mais je la porte toujours intacte dans mon cœur, et ma pensée n'a jamais pu séparer un peuple que la même origine, le même gouvernement, les mêmes mœurs, et la même gloire ont si long-temps confondu. Je ne me permettrai qu'une seule observation, c'est qu'il est assez étrange que ce soit à une assemblée que l'on a accusée d'avoir été animée d'un esprit éminemment démocratique que nos rois aient laissé le soin de prendre la mesure la plus favorable au pouvoir monarchique; je veux parler de cette division par départements, qui, en démembrant les provinces, facilita si bien l'exercice du pouvoir absolu. Mais c'est trop nous arrêter à des considérations d'un intérêt purement moderne; c'est vers des temps plus reculés que je veux appeler votre attention.

« Les premières divisions territoriales qui s'établissent chez les peuples ont presque toujours l'avantage d'être déterminées soit d'après des bornes géographiques posées par la nature elle-même, soit d'après les relations intimes des habitants d'une certaine étendue de pays, ou bien encore d'après le genre d'industrie ou de culture auquel se livre spécialement telle ou telle contrée. Lorsque les Romains imposèrent le nom de *seconde Lyonnaise* à cette partie de la Gaule celtique, qui, plus tard, fit partie de la *Neustrie*, et s'appela ensuite *Normandie*, ils conservèrent les divisions qui avaient été primitivement fixées d'après ces bases.

« La partie de cette ancienne province romaine, que vous voyez sur la rive droite de la Seine, continua M. de Lillers, en mettant le doigt sur une carte de Normandie appendue au mur d'un petit kiosque où nous étions entrés, était partagée entre les Véliocassiens (*Veliocasses*), dont le *Vexin* a véritablement tiré son nom, et les Calètes (*Caleti*).

« Les Véliocassiens couvraient les plaines fertiles qui s'étendent entre Pontoise et Rouen leur capitale; les Calètes occupaient toute la contrée depuis les environs de Rouen jusqu'à cette partie de l'embouchure de la Seine, où l'on a depuis bâti le Havre-de-Grâce, et de là jusqu'au château d'Eu, en longeant la mer. Lille-Bonne (*Julio-Bona*) était la capitale de ce vaste territoire, qui se subdivisa plus tard en pays de Caux, proprement dit (*Pagus Caleticus*), en pays d'Eu (*Pagus Augensis*), en pays de Brai (*Pagus Brayensis*), et en pays de Tellau (*Pagus Talogiensis*). Cependant sur la rive gauche de la Seine s'élevaient six villes principales, lesquelles étaient les chefs-lieux d'autant de petites provinces; c'étaient Évreux (*Civitas-Eburovicum*), Lisieux (*Civitas-Lexoviorum*), Bayeux (*Civitas-Baio-Cassium*), Coutances (*Constancia-Castra*), Séez (*Civitas-Sesuviorum*), Avranches (*Ingena-Abricantuum*).

« Ces divisions primitives se sont toujours conservées en Normandie, et ces anciennes cités sont devenues autant de villes épiscopales et de sièges de juridiction. Elles étaient antérieurement les capitales d'autant de petits états qui avaient le droit de tenir des assemblées particulières, et celui d'envoyer des députés aux assemblées générales où se discutaient les intérêts de plusieurs cantons. — Je prendrai note de ce souvenir, dis-je à M. de Lillers, pour prouver à ces hommes, qui ne sauraient reconnaître l'utilité d'une institution qu'autant que son origine se perd dans la nuit des temps, que ce système représentatif, qui les offusque si fort, n'est pas une invention aussi moderne qu'ils le croient.

« Rien de plus vrai, poursuivit M. de Lillers; mais comme il arrive aussi que, dès que les hommes sont réunis en société, il s'en trouve de plus forts, de plus intrigants ou de plus ambitieux que les autres, et que ces hommes veulent dominer sur les plus faibles et les plus paisibles, on rencontre des traces encore plus profondes de l'autorité aristocratique dès les premières pages de l'histoire de tous les peuples. Cette autorité aristocratique, qui a valu douze ou treize cents ans de troubles aux Gaules et à la France, remonte en Normandie jusqu'à ces temps reculés; et les divisions qu'entretenait dans ces vastes contrées l'ambition des grands qui voulaient s'emparer dans chaque petit état du pouvoir annuel que l'on y décernait par élection, ne furent pas une des causes qui secondèrent le moins puissamment les succès des armées romaines.
— Ce qui prouve encore, ajoutai-je, que ce n'est

pas d'aujourd'hui que le triomphe des intérêts et des passions de quelques hommes a été acheté au prix de l'indépendance, de la gloire, et du repos d'une nation tout entière.

« La tyrannie des grands, reprit *l'Homme aux souvenirs*, n'était pas au reste la seule sous laquelle gémissaient les Gaulois; il y en avait encore une autre qui pesait sur eux d'une manière non moins funeste dans ses effets, et plus odieuse dans sa source; car le pouvoir des nobles devait presque toujours la sienne au courage, et celui des *Druides* reposait tout entier sur la fourbe et la cruauté. Ces prêtres sanguinaires, qui, à défaut de prisonniers de guerre, immolaient sur leurs autels des enfants et des vieillards, s'étaient arrogés le droit de décider seuls des affaires de la religion et de la politique; ils rendaient aussi la justice sans qu'on pût jamais appeler de leurs jugements. Pour donner à leur puissance des racines plus profondes, ils se réservaient exclusivement le soin d'élever la jeunesse au fond des bocages sacrés. Un instinct secret, qui les avait avertis sans doute que les progrès des lumières tendent toujours à détrôner le fanatisme, les avait déterminés à ne confier qu'à la mémoire les éléments des sciences, et à interdire, sous les peines les plus graves, toute discussion sur les matières civiles ou religieuses. Osait-on résister à leur autorité, ils privaient les rebelles de la communion de leurs mystères, et forçaient leurs femmes et leurs enfants à les abandonner; enfin, sacrifiant le bonheur de tous à leurs intérêts personnels, ils s'étaient déclarés seuls exempts de toute charge publique.

« Ces prêtres cruels avaient fait des dieux à leur image; c'était dans l'enfer qu'ils avaient placé le berceau de la malheureuse nation qu'ils opprimaient; et certes il fallait bien, puisqu'elle avait de tels ministres, que les divinités infernales eussent présidé à ses destinées. Les Gaulois croyaient qu'ils descendaient de Pluton, qu'ils appelaient *Hœder* ou *l'Aveugle*. C'est par suite du culte qu'ils consacraient à ce dieu qu'ils comptaient par nuit et non point par jour, et que la première heure commençait chez eux à minuit, tandis que chez tous les peuples elle commençait avec le lever du soleil. Quant à leurs autres dieux, ils n'étaient en quelque sorte que les ministres du dieu des enfers. Leurs noms affreux ne rappelaient que des idées de destruction et de mort: c'étaient *l'Incendiaire*, *l'Exterminateur*, *le Père du carnage*. En vain l'homme accablé sous le poids du malheur et de la tyrannie cherchait dans cette hideuse mythologie le nom d'un Dieu protecteur; tous étaient sourds à ses plaintes; ce culte odieux ne lui offrait aucune divinité tutélaire; *Héla*, la mort, était la seule qui lui présentât un reméde à ses maux, en lui en montrant le terme.

« Il est difficile de concevoir comment un peuple aurait pu résister long-temps à cette oppression combinée de la force et du fanatisme, si, par suite de cet équilibre dont les lois immuables tendent à réparer dans l'ordre moral comme dans l'ordre physique les désordres que l'homme y introduit, il ne se fût élevé une tierce puissance qui adoucissait par ses charmes ou flétrissait de ses reproches ou de ses sarcasmes ce que les deux autres avaient de barbare. Cette puissance était celle des femmes. Ce n'est pas un des traits les moins curieux des mœurs des Gaulois, que de voir ce sexe, grace au double ascendant de son esprit et de ses attraits, exercer sur un peuple sauvage une influence qui semble ne devoir être le résultat que d'un haut degré de civilisation. Les flèches légères du ridicule qu'on supposerait devoir glisser sur l'épiderme grossier des barbares étaient cependant les armes qu'elles employaient avec le plus de succès. Les farouches Iarles et les inexorables druides en redoutaient les atteintes, et la crainte d'une chanson arrêta souvent leurs fureurs.

« Toujours consultées dans les affaires les plus importantes, les femmes s'étaient fait une telle ré putation par la sagesse de leurs conseils, qu'on les croyait inspirées des dieux. C'était aussi devant elles que l'on portait toutes les affaires relatives aux injures. Je me suis souvent étonné, continua M. de Lillers, que parmi les philosophes et les législateurs qui se sont occupés dans ces derniers temps de rechercher les moyens propres à arrêter les déplorables ravages du duel, aucun n'ait songé à recourir au tribunal, qui, chez nos aïeux, en modérait si bien les excès. Quelque bizarre que cette idée puisse paraître au premier coup d'œil, elle n'en est pas moins digne au fond d'une sérieuse attention; vous conviendrez en effet que les femmes n'ont rien perdu chez nous de l'empire qu'elles exerçaient chez nos pères. On redoute encore leur mépris et leurs censures, et si elles ne sont pas ostensiblement admises dans nos conseils elles n'en décident pas moins souvent encore nos affaires publiques et privées.

« Il est rare que ce qu'elles blâment soit long-temps en honneur, et les femmes sont seules capables d'accréditer sur le duel une opinion que l'autre sexe repoussera toujours tant qu'elle ne lui sera pas imposée. Tout à-la-fois ennemies de la lâcheté et de la barbarie, pleines de tact sur les convenances, de délicatesse sur les procédés, tout ne porte-t-il pas à croire qu'elles sauraient parfaitement déterminer ce qu'il faut accorder à l'honneur et à l'humanité, et que, puisant dans une ame sensible ou dans un esprit ingénieux des voies de conciliation souvent imprévues, elles réussiraient par une douce persuasion à rapprocher des furieux, que l'on désarmerait presque toujours si on avait soin de les calmer d'abord? Pour moi, je pense qu'en pareille matière leur tribunal vaudrait bien celui de MM. les maréchaux de France, et que l'empressement que l'on met à voler au-devant de leurs moindres desirs assurerait toujours l'exécution de leurs arrêts.

« L'établissement des Romains dans les Gaules, continua *l'Homme aux souvenirs* sans s'inquiéter beaucoup de la transition, amena peu de changements dans les mœurs et même dans la constitution politique des peuples qui les habitaient, sur-tout dans les contrées septentrionales. Ils cherchèrent toujours à s'affranchir du joug des vainqueurs; mais ils ne furent pas assez heureux pour recouvrer leur indépendance. C'est aux Francs que fut réservé l'honneur de chasser les Romains, ce qui n'améliora pas le sort des Gaulois, puisqu'ils ne firent que changer de maîtres, et qu'il vaut encore mieux pour une nation, que le peuple qui la tient sous le joug lui soit supérieur en civilisation.

« A l'époque de la conquête des Gaules par les Francs, la *seconde Lyonnaise* fut confondue dans les différentes provinces dont on forma la *Neustrie*, nom qui prévalut jusqu'au moment où les Normands donnèrent à cette province celui qu'elle avait encore il y a peu d'années.

« Ce fut au commencement du neuvième siècle que ces peuples belliqueux firent leur première incursion en France. Ils se répandirent comme un torrent qui renverse et détruit tout sur son passage. Charles-le-Chauve, timide fils de Charlemagne, au lieu de les repousser avec le fer, acheta deux fois leur retraite par un tribut de sept mille livres pesant d'argent: c'était leur offrir un nouvel appât; aussi reparurent-ils bientôt et en plus grand nombre que la première fois. De nouveaux tributs furent le prix de nouveaux ravages.

« Ils s'avancèrent même jusque sous les murs de Paris, d'où ils furent repoussés par Eude, comte de cette ville. Peut-être voulaient-ils détruire cette capitale et non y fixer leur résidence, car ce n'est que sous *Roul* ou *Rollon* que leurs invasions commencèrent à prendre le caractère d'une conquête durable. Ce guerrier intrépide fit, mais en vain, une nouvelle entreprise contre Paris; dans le dépit d'avoir échoué devant cette place, il se dirigea vers la Bourgogne qu'il dévasta. Ce fut alors que *Charles-le-Simple*, las de voir son royaume continuellement ravagé, et ne se sentant ni le courage ni la force de repousser les vainqueurs, résolut de les désarmer à force de concessions ; il céda à Roul la Neustrie et la Bretagne, et, pour sceller ce traité par des nœuds plus doux, mais qui ne sont pas toujours les plus étroits entre les princes, il lui donna sa fille en mariage. Le traité qui ratifiait cette cession et qui eut une influence si importante sur les destinées de la France fut passé en 912 à *Saint-Clair-sur-Epte*. Le tribut de foi et hommage fut le seul droit que le roi de France réclama sur ses anciennes provinces ; mais le fier vassal, qu'il s'était donné, s'en acquitta de manière à le rendre peu jaloux de conserver long-temps cette insignifiante prérogative, qui devint pour ses successeurs l'occasion de plus d'un démêlé sanglant.

« Telle fut l'origine de ces ducs de Normandie, qui marchèrent long-temps les égaux des rois de France, et qui les auraient peut-être renversés de leur trône, si l'Angleterre ne fût devenue l'objet de leur ambition et le théâtre de leurs exploits.

« Roul joignait aux qualités brillantes d'un guerrier celles d'un législateur ; il s'appliqua à sanctionner par la justice ce qu'il avait acquis par la force, et à réparer par une sage administration les maux qu'avaient faits ses armes. Il releva les villes, protégea l'agriculture, et donna à ses peuples des tribunaux pour juger leurs différents : il voulut que la voix du faible y fût écoutée aussi bien que celle du puissant, et que jamais l'opprimé n'y implorât vainement son nom. Ce fut lui qui établit la *clameur de haro* (ah! Roul), clameur qui a conservé sa force presque jusqu'à nos jours, et qui suspendait, jusqu'à nouvel examen, l'exécution de tout jugement contre lequel cette espèce d'appel était interjeté.

« Je n'arrêterai pas vos regards, poursuivit mon savant interlocuteur, sur ceux des successeurs de Roul, qui, en développant à un degré plus ou moins éminent les mêmes qualités, ne firent que consolider la puissance qu'il avait fondée; vous trouverez, en parcourant cette province, assez de monuments qui vous rappelleront leur souvenir : mais j'attirerai plus particulièrement votre attention sur ce fameux *Guillaume-le-Conquérant*; bâtard que la gloire se chargea de légitimer, et qui, en réunissant la couronne d'Angleterre à celle de son duché, changea tous les rapports politiques qui existaient entre la France et la Normandie : car il y eut cela de remarquable dans cette conquête, que le pays vainqueur ne fut bientôt plus considéré que comme une province du pays vaincu, et que les intérêts de l'un furent subordonnés aux intérêts de l'autre.

« Les nouveaux rois d'Angleterre gardèrent bien quelque attachement pour le berceau de leur grandeur; mais le besoin de s'affermir sur un trône encore mal assuré les obligea à se partager entre les deux pays, et cet éloignement relâcha les liens qui les unissaient à leurs sujets du continent. D'un autre côté, les rois de France virent avec inquiétude s'accroître la puissance de vassaux, qui, resserrés dans les bornes de leur duché, étaient déjà pour eux des ennemis redoutables, et ils réunirent toutes leurs forces pour rentrer dans les belles provinces que leurs prédécesseurs avaient si lâchement abandonnées. Vous savez quelle fut l'issue de cette lutte, et comment *Jean-sans-Terre*, ce perfide assassin du jeune et infortuné Arthur, fut dépouillé de ce duché, dont neuf princes avaient su, depuis Roul jusqu'à lui, soutenir l'indépendance et la gloire. Parmi ces grands personnages, l'histoire a surtout buriné les traits héroïques de ce Guillaume-le-Conquérant qui porta peut-être le premier coup à la puissance des ducs de Normandie en les élevant au rang des rois d'Angleterre; de ce *Robert-le-Diable*, dont l'audacieux courage est encore célébré dans tant de romances et de contes merveilleux; et enfin de ce *Richard-Cœur-de-Lion*, dont le caractère aventureux et les étonnants exploits en Terre-Sainte semblent avoir été présents à la pensée du chantre des héros de la *Jérusalem délivrée*.

« L'expulsion de Jean-sans-Terre força un grand

nombre de familles normandes, qui occupaient les premières places à la cour d'Angleterre, à opter entre les deux pays et à passer pour toujours le détroit. Telle est la cause à laquelle on peut rapporter l'identité qui existe encore aujourd'hui, et que vous serez à portée de remarquer souvent, entre les noms de plusieurs familles des deux nations, aussi bien que la ressemblance frappante qui se trouve entre quelques physionomies anglaises et celle des habitants de différentes parties de la Normandie, et sur-tout du pays de Caux.

« Quant aux Normands qui devinrent sujets des rois de France, ils se rangèrent sous les drapeaux de leurs nouveaux maîtres plutôt en alliés qu'en vaincus, et ils eurent soin de stipuler la conservation de leurs libertés. Ils avaient une *charte* qui les consacrait. Roul, quoiqu'il ne dût sa couronne qu'à ses armes, n'avait point fait difficulté de laisser mettre des limites à son pouvoir. Il n'entrait pas dans l'idée de ces peuples du nord, dit un historien, qu'*on pût être gouverné sans son aveu, par la volonté absolue d'un autre*. Aussi avait-on stipulé, dans une assemblée générale de la nation, les droits et les devoirs respectifs du prince et du peuple. On y avait imposé au souverain *l'obligation de garder les lois du pays, de gouverner le peuple par la verge de la justice, de le garantir, le défendre, et le mener par les droits et coutume du pays,* SANS LES ENFREINDRE; *et aux sujets celle d'être loyaux envers leur duc, de l'aider de leur propre corps contre toute personne qui puisse vivre et mourir, aussi bien que de lui* DONNER CONSEIL.

« Une partie de ces priviléges fut conservée aux Normands, entre autres le droit de tenir des états généraux, droit qu'ils exercèrent jusqu'à Louis XIV, sous lequel tombèrent toutes les franchises des provinces, qui n'étaient plus au reste que celles d'un petit nombre de grandes familles; mais les Normands ont gardé le souvenir de l'assemblée mémorable que Henri IV tint dans leur ville. C'est là que ce bon prince adressa aux états ce discours célèbre, qui devrait être gravé sur le marbre dans toutes les enceintes consacrées aux délibérations législatives, ce discours qui renferme tous les éléments d'un bon gouvernement constitutionnel, dont Henri IV ne parlait pas, mais dont il observait les lois, les mêmes que celles de la raison et de la justice éternelles.

« Tels sont, me dit M. de Lillers, les traits distinctifs des mœurs et de l'histoire des anciens Normands; peut-être pourront-ils vous guider dans l'observation des mœurs contemporaines, et retrouverez-vous, malgré la faux du temps et le frottement de la civilisation, quelques traces non encore effacées de leur antique physionomie. »

En achevant ces mots, il reprit avec moi le chemin du château, où l'on était levé depuis longtemps, et où l'on commençait à s'inquiéter de notre absence.

N° CXLVIII. [24 MAI 1823.]

LE VOYAGE PAR LA FENÊTRE.

> Il faut convenir que nos bons aïeux étaient de bien méchantes gens.
>
> VOITURE

Après trois jours passés à parcourir un pays où chaque point de vue est un tableau, chaque édifice un monument historique, et où chaque sillon recouvre quelque débris d'un autre âge, je recueille mes notes et mes pensées au fond d'un élégant pavillon, des fenêtres duquel j'embrasse, d'un seul coup d'œil, la contrée que je viens de visiter en détail. Cette agréable retraite, que M. N*** avait appelée jusqu'ici *la Solitude de l'Amitié*, et qu'il a voulu nommer *l'Ermitage* depuis qu'il me l'a assignée pour cabinet d'études, domine une étendue de pays à laquelle aucune autre en France ne saurait, je crois, être comparée pour le nombre et la variété des évènements dont elle a été le théâtre.

Comme j'aurais pu très mal m'orienter dans un pays que je connais depuis si peu de temps, Léon, toujours fidèle à son rôle de *cicerone*, s'est chargé de diriger aussi mon voyage par la fenêtre.

« Ce village que vous voyez devant vous, me dit-il, en dirigeant mes regards du côté du levant, est *Toesny* ou *Thony*, qui rappelle la belle Bertrade de Monfort, une des quatre femmes de Foulques, comte d'Anjou, et une des trois reines que Philippe-Auguste éleva successivement sur le trône de France. Mariée par des raisons d'intérêt et de politique à Foulques, surnommé le *Rechin* ou le *Rechigné*, à cause de sa laideur amère, la jeune Bertrade eut bientôt l'adresse de se faire un protecteur plus puissant et un amant plus aimable : une lettre qu'elle écrivit à Philippe de Valois éveilla chez ce prince, qui avait déjà entendu parler de sa beauté, le desir de la connaître ; il l'invita à venir passer les fêtes de la Pentecôte à Tours. Dès la première entrevue, leurs cœurs furent d'intelligence, et, tandis que le vieux comte était à l'office divin, Bertrade s'enfuit, sous bonne escorte, jusqu'à Orléans, où le roi la rejoignit bientôt.

« Pour opposer à la vie orageuse de Bertrade des mœurs plus pures et des images plus calmes, évoquons de *Portmort*, que l'on entrevoit à l'horizon, l'ombre d'une autre reine de France qui réunit une vertu sans tache à la plus rare beauté et à un esprit supérieur. C'est là que la reine Blanche, la mère de saint Louis, fut mariée à Louis VIII, qui ne put trouver dans les états de Philippe-Auguste, son père, dont le royaume était frappé par un interdit, un autel pour faire consacrer une union que la France et l'Angleterre appelaient de tous leurs vœux.

« Si vous détournez un peu la vue sur la gauche, vous apercevrez les tours démantelées et les ruines encore imposantes du château *Gaillard,* au pied et sur les murs duquel ruissela long-temps le sang des braves, tandis que celui d'illustres victimes arrosa ses cachots ou ses fossés. Ce château fut bâti par Richard-Cœur-de-Lion, pour défendre son duché contre les invasions des Français, et il voulut qu'il fût appelé château *Gaillard,* pour témoigner que l'on pouvait, du haut de ses inexpugnables remparts, braver sans inquiétude les efforts des ennemis. Je ne vous ferai pas le récit des longs siéges qu'a soutenus cette étonnante forteresse : il y aurait pourtant de l'injustice à omettre la brillante défense de Roger de Leicester, qui tenait la place pour le roi Jean contre Philippe-Auguste. Je reporterai votre intérêt sur deux princesses que l'oubli de tous les devoirs en rendrait peu dignes si la rigueur du sort qu'on leur fit éprouver n'eût pas surpassé l'excès de leurs erreurs : c'est sous les sombres voûtes du château Gaillard que furent renfermées Marguerite et Blanche de Bourgogne, l'une femme de Louis X, et l'autre de Charles-le-Bel. Toutes deux accusées et convaincues d'adultère, elles gémirent deux ans dans une détention qu'adoucissait la seule idée de la supporter ensemble, et à laquelle le plus tragique événement vint bientôt mettre un terme : Louis, déterminé plutôt par le desir d'épouser Clémence, fille du roi de Hongrie, que par un retour de vengeance, difficile à concevoir après un si long espace de temps, envoya dans la prison de Marguerite deux sicaires, qui l'étranglèrent avec ses propres cheveux, selon les uns, avec un linceul, selon les autres, et sous les yeux même de sa compagne d'infortune.

« Une autre victime qui fut vouée, dans cette même enceinte, aux plus épouvantables tortures, et dont la mémoire irréprochable doit inspirer une compassion sans mélange, c'est l'infortuné Charles de Melun, coupable d'avoir soutenu avec trop de chaleur les intérêts du peuple contre la tyrannie de Louis XI.

« En descendant des hauteurs que domine le château Gaillard, dans la plaine riante qui l'avoisine, on découvre *les Andelys,* qui doivent leur origine à une abbaye de filles établie par sainte Clotilde. Cette petite ville est plus agréable à voir dans le vaste paysage où elle se trouve encadrée qu'à visiter dans son intérieur. Si on en excepte quelques manufactures dont les produits ne luttent pas toujours sans succès contre les fabriques plus importantes de Louviers et d'Elbeuf, il n'y a rien dans ses rues, qui sont assez mal alignées, qui mérite de fixer l'attention. Un seul trait m'a paru mériter une mention toute particulière sur les tablettes de l'observateur de mœurs qui visite les Andelys : je veux parler des actes de superstition religieuse dont cette ville est encore aujourd'hui le théâtre. Comment en effet caractériser autrement cette fureur aveugle et dangereuse qui, le 2 juin de chaque année, précipite dans les eaux glaciales de la fontaine consacrée à cette sainte une foule d'hommes et de femmes infirmes, et d'enfants nouveau-nés, dont une telle immersion n'abrége probablement les maux qu'en mettant promptement un terme à leur existence? Est-ce un hommage bien entendu que la cérémonie par laquelle les magistrats et le clergé semblent encourager ces pratiques superstitieuses, en venant processionnellement plonger dans cette source, soi-disant miraculeuse, la statue de sainte Clotilde, une de ses côtes, et un morceau de son crâne? Ne serait-il pas plus conforme au véritable esprit de la religion et à l'intérêt public que le curé prêchât à ses paroissiens, et que les magistrats apprissent à leurs administrés que rien n'est moins certain que la tradition populaire qui veut que cette fontaine ait été changée en vin par sainte Clotilde pour désaltérer les ouvriers qu'elle employait à la construction de l'église de l'abbaye? Si ses eaux renferment des principes salutaires, comme tout porte à croire que sainte Clotilde elle-même l'avait observé, pourquoi n'en pas analyser les propriétés, et ne pas déterminer le meilleur mode de les employer, au lieu de souffrir que des personnes de tout sexe et de tout âge, échauffées par les fatigues d'un long pélerinage, s'y plongent à l'ardeur du soleil? En même temps que la raison et la morale applaudiraient à une pareille réforme, n'y aurait-il pas aussi quelque avantage pour la ville même, qui, par un miracle plus certain et aussi heureux que celui de sainte Clotilde, verrait se changer en une fontaine d'eaux médicinales cette source, qui maintenant en est une de superstition et de mort?

« La fontaine de sainte Clotilde a déja perdu une des propriétés qui attiraient dans ses eaux le plus de pélerins, et sur-tout de pélerines, celle de féconder les épouses stériles, depuis qu'un magistrat à qui les Andelys doivent encore d'autres améliorations a fait élever, au milieu du bassin, un mur de séparation entre les baigneurs et les baigneuses, qui s'y précipitaient nus et pêle-mêle. Encore un généreux effort, et espérons que tout rentrera sous les lois de l'ordre, de la décence, et de la raison.

« Parmi les superstitions de toute espèce qui infectent l'esprit des habitants de ce pays, il en est encore une que je ne puis me résoudre à passer sous silence, c'est celle dont saint Main est l'objet. J'ai vu avec peine que ce soit dans la petite église du couvent de Saint-Jacques, pieux asile ouvert à l'humanité souffrante par la charité du duc de Penthièvre, que l'on ait admis la statue grotesque de ce bienheureux saint, dont toutes les nourrices des environs sans pitié déchirent les entrailles. Il n'en est pas une qui, à la moindre colique de son nourrisson, ne vienne bien dévotement gratter le plâtre dont est formée la partie abdominale de la miraculeuse statue, pour mêler ensuite cette poussière sacrée aux aliments des malheureux enfants confiés à leurs soins. N'a-t-on pas lieu de s'étonner que ce soit à vingt-cinq lieues de Paris, au sein d'un pays qui se fait gloire de sa civilisation, que l'on tolère une superstition que l'on devrait en bonne police réprimer par toute la rigueur des lois? »

Outre ces monuments de fanatisme et d'ignorance, les Andelys en renferment quelques autres qui sont les objets d'un culte moins dangereux. Il n'est point d'homme de lettres ou d'artiste qui ne s'empresse de se faire conduire devant la maison qu'habita Thomas Corneille, et dans l'enclos qui renferma la chaumière où naquit le Poussin. Pour donner plus de prix à la maison de Thomas Corneille, quelques personnes assurent qu'elle a été habitée par l'auteur du Cid; le fait est inexact. Il y a plus; c'est que la prétendue maison de Thomas Corneille n'est pas même celle de ce poëte. Celle que l'on montre aux curieux n'est qu'une maison moderne bâtie sur les fondements de l'ancienne.

Quelques amis des arts avaient ouvert, il y a dix ou douze ans, une souscription pour élever un monument en l'honneur du Poussin; on en cherche encore vainement aujourd'hui la première pierre. Au reste, ce n'est point dans l'enceinte même des Andelys que le Raphael français a reçu le jour, c'est au petit hameau de *Villers*, qui en est voisin, qu'appartient la gloire d'avoir produit ce peintre-poète. Il ne reste plus la moindre trace de la maison qu'il habitait; quelques pommiers seuls en ombragent aujourd'hui la place. Les débris de ces murs que la faux du Temps et la main des hommes auraient dû également respecter, sont tombés sous les coups de la sottise. Un financier, aussi riche qu'ignorant, les employa à la construction d'un château que sa magnificence n'a point sauvé d'une prompte ruine, car l'herbe en couvre aujourd'hui la place. C'est sans doute pour apaiser l'ombre du Poussin et venger sa mémoire outragée par cette profanation sacrilège, que l'on a appelé *Clos-Poussin* le petit coin de terre où s'élevait jadis sa modeste demeure.

Au rang des hommes de quelque célébrité que les Andelys peuvent s'enorgueillir d'avoir vu naître, il faut, en suivant l'ordre des temps, placer d'abord le poète *Henry*, qui vivait sous Philippe-Auguste, et qui fit un des premiers raisonner la lyre normande. On a de lui un poème intitulé la *Bataille des Vins,* mais le plus joli de ses ouvrages est le *Lai d'Aristote,* où l'on trouve des vers d'une naïveté et d'une grace tout-à-fait marotiques. *Robert de Bernouville* et *Roger d'Andely* suivirent ses traces. Quelques unes de leurs chansons ont passé jusqu'à nous. A la suite de ces noms, aujourd'hui peu connus, se présente environné d'une auréole plus glorieuse, celui *d'Adrien Tunèbe,* un des savants les plus profonds, des critiques les plus éclairés du seizième siècle, et, ce qui n'est pas un titre moins honorable pour sa mémoire, un des amis du vertueux chancelier L'Hôpital.

C'est aussi aux Andelys qu'est né l'aéronaute *Blanchard.* Plusieurs personnes se rappellent encore l'avoir vu filer du coton au petit Andely; marié et père de quatre enfants qu'il avait peine à nourrir, il apprit, sans le secours de personne, le métier de tourneur; dès-lors son génie, que rien n'avait encore révélé, commença à se développer. Il inventa un piège où les rats venaient se tuer eux-mêmes d'un coup de pistolet; il construisit une voiture qui marchait de son propre mouvement. S'élevant bientôt à des conceptions plus hardies, il entreprit une machine hydraulique à l'aide de laquelle il fit monter l'eau de la Seine jusque sur les hauteurs du château Gaillard, c'est-à-dire à plus de deux cents pieds au-dessus du niveau de cette rivière. L'étroite enceinte de la petite ville qui l'avait vu naître n'offrant à Blanchard ni l'occasion d'appliquer ses créations, ni l'espoir de les voir récompensées, il construisit son *vaisseau volant*, et partit pour Paris, où il fit sa première ascension le 2 mars 1784. L'expérience n'a point réalisé toutes les espérances que fit éclore, dans un enthousiasme peu réfléchi, cette brillante invention ; mais les progrès réels que Blanchard fit faire à la découverte de Mongolfier, et l'audace qu'il montra dans ses nombreux voyages aériens lui ont mérité une place distinguée parmi les hommes intrépides dont les sciences s'honorent. Lorsque les habitants des Andelys éléveront un monument au Poussin, ils pourront consacrer une pierre tumulaire à celui qu'on appela jadis *le célèbre amiral,* ainsi qu'à sa malheureuse femme qui a si déplorablement péri victime de son art. Il ne faut pas oublier non plus que c'est ici qu'est né M. *Brunel,* au génie duquel Londres devra un pont souterrain dont Paris se serait enorgueilli, si l'insouciance de nos ministres et l'esprit exclusif, qui anime notre administration des ponts-et-chaussées, n'eussent pas exilé chez nos rivaux cet audacieux ingénieur.

« Quoique vous ne puissiez apercevoir d'ici les antiques et riants ombrages de *Fontenai,* me dit Léon, à qui je venais de lire ce que j'avais ajouté à ses observations sur les Andelys, c'est cependant le lieu de parler de cet

> Asile où n'entrèrent jamais
> Le tumulte et l'inquiétude ;

mais où les ris et les amours voltigeaient sur les pas du vieux Chaulieu. Cette aimable solitude n'est qu'à deux lieues des Andelys et sur la même ligne, en se dirigeant un peu vers le sud-est ; vous ne sauriez vous dispenser d'y faire un pèlerinage. Là du moins l'ami des arts a le plaisir de retrouver des souvenirs ; vous pourrez vous reposer dans la grotte où le rival du vieillard de Théos se livrait à ses inspirations poétiques, et vous asseoir à l'ombre de quelques uns de ces mêmes arbres auxquels il disait :

> Beaux arbres, qui m'avez vu naître,
> Bientôt vous me verrez mourir.

« Chaulieu mourut à Paris ; mais son corps fut, d'après ses desirs, rapporté dans un caveau de l'église de Fontenai.

« Maintenant pour continuer la revue de l'immense tableau déroulé autour de nous, il faut, me dit Léon, tourner les yeux vers le nord-est de l'ermitage, et, en vous aidant un peu de votre imagination, entrevoir les deux clochers égaux qui élancent leurs flèches au-dessus de l'église *d'Écouis*. Ce bourg a dû jadis sa renommée à un homme que la fortune semblait avoir réservé pour être le jouet de ses faveurs et de ses caprices : Enguerrand de Marigny était seigneur d'Écouis ; le procès de ce célèbre surintendant, et le jugement atroce qui en fut le résultat, sont des monuments historiques que les dispensateurs de la justice humaine devraient toujours avoir présents à la pensée. Violation des lois, mépris des formes, entraves dans la défense, oubli des égards dus au malheur, voilà ce que l'histoire reproche aux juges de Marigny comme elle le reproche aux juges de Fouquet, comme elle le reprochera à ceux de quelques autres hommes non moins illustres dont l'infortune se rattache à des époques plus récentes.

« Des honneurs tardifs, il est vrai, mais au moins consolants pour la malheureuse famille d'Enguerrand, furent successivement rendus à sa mémoire et à ses restes ; d'abord par Philippe V, qui fit transporter avec pompe son corps dans l'église d'Écouis que ce ministre avait bâtie, et ensuite par Louis XI, qui permit de lui ériger un mausolée avec une inscription, à condition cependant qu'on n'y rappellerait point l'injustice de sa condamnation.

« La conduite de ces deux princes, dont le premier était fils de Charles de Valois, persécuteur de Marigny, est une preuve bien puissante à opposer à l'opinion défavorable que Mézeray, ennemi déclaré de tout ce qui était homme de finance, émet sur l'administration de ce ministre, et bien propre à justifier tous les éloges du père Daniel.

« Le tombeau de Marigny a existé dans l'église d'Écouïs jusqu'à la révolution. Si elle eût été moins aveugle dans ses fureurs, elle aurait dû conserver un monument, qui retraçait une des fautes les plus graves du gouvernement qu'elle renversait. Au reste, les arts ont perdu peu de chose à cette destruction. On voit encore aujourd'hui une statue dans l'église d'Écouïs; mais c'est celle de Jean Marigny, frère du chancelier, et archevêque de Rouen.

« Au premier rang des bienfaits qu'Enguerrand se plut à répandre sur Écouïs, il faut placer la fondation d'un hôpital qui subsiste encore.

« Si je n'étais pas accablé par le nombre et l'intérêt des événements historiques accumulés sur le théâtre que notre vue embrasse, et que j'eusse besoin de réveiller votre attention par les aventures romanesques de quelques vieilles chroniques, je ne manquerais pas de saisir l'occasion que m'en présenterait assez naturellement la fameuse épitaphe de l'église d'Écouïs. Il y aurait fort peu de chose à ajouter à son interprétation pour en faire une histoire aussi épouvantable que celle d'Œdipe; mais le temps me presse, et peut-être avez-vous déja trouvé que je vous ai donné de trop minutieux détails sur une même contrée. Je me contenterai donc de livrer le texte de cette énigme à votre sagacité, le voici :

> Ci-gît l'enfant, ci-gît le père,
> Ci-gît la sœur, ci-gît le frère,
> Ci-gisent et femme et mari,
> Et ne sont que deux corps ici.

« Vous sentez que pour vous expliquer ce mystère et vous apprendre par quels bizarres événements il advint, dans les émigrations occasionées par les croisades, qu'une certaine châtelaine d'Écouïs se rencontra avec un de ses fils qu'elle croyait mort; comment, trompée par un penchant secret, elle éprouva pour ce jeune homme un sentiment dont elle aurait eu horreur si elle eût mieux connu son amant; comment il naquit de cette union une fille, nommée Cécile, que d'autres vicissitudes de la fortune conduisirent à la cour de la duchesse de Bar, où son père et son frère tout à-la-fois, devenu veuf, contracta avec ce fruit de son premier mariage un nouvel hymen, et comment, enfin, les nouveaux époux reconnurent leur commune origine; vous sentez, dis-je, que pour débrouiller ce chaos il faudrait entrer dans des développements qui pourraient répugner à plusieurs de vos lecteurs, ou offenser vos aimables lectrices. Laissons ces fatales combinaisons d'événements monstrueux aux auteurs d'outre-mer : je préfère vous entretenir de la touchante infortune des *Deux Amants*. En tournant vos regards vers le couchant, vous apercevrez la côte où ils périrent. Le récit de leur naïf et malheureux amour n'a rien qui blesse la pudeur ni la nature, et il repose sur des faits d'une authenticité plus incontestable que ceux de l'épitaphe. »

Léon allait commencer le récit de la *touchante aventure*, mais je l'interrompis en lui faisant observer que le côté du couchant, vers lequel il m'avait engagé à diriger ma vue, était embrasé de tous les feux de l'astre du jour à son déclin : je ne pouvais plus rien distinguer de tout ce qu'il voulait me montrer. Je le priai donc de remettre au lendemain la suite de sa narration, car l'aspect des lieux où les événements se sont passés ajoute beaucoup à leur intérêt.

N° CXLIX. [1ᵉʳ JUIN 1823.]

LA COTE DES DEUX AMANTS.

> Ce mont, qu'avec surprise au loin chacun admire,
> Vit changer les états, tomber plus d'un empire;
> Mais il garda sa gloire, et sans cesse les ans
> Rajeunissent pour lui la Côte des Amants.
>
> DUCIS.

La lumière du matin, celle qui revêt les objets de la plus douce clarté et qui convient sur-tout à la vue affaiblie des vieillards, éclairait le beau point de vue dont on jouit de *l'ermitage*, lorsque je m'y rendis avec Léon pour reprendre notre entretien, au point où nous l'avions laissé la veille. Je distinguai le sommet de *la côte des deux Amants*, et après avoir braqué ma lunette d'approche de ce côté, et m'être enfoncé dans ma bergère, je prêtai une oreille attentive à l'histoire de ce couple intéressant que Léon commença en ces termes :

« Vers le douzième siècle, d'autres disent du temps de Charlemagne, à la fin du huitième, le temps ne fait rien à l'affaire, vivaient, non loin de ce mont, dans la riante vallée d'Andelle, deux de ces êtres que la nature semble avoir destinés l'un pour l'autre malgré les obstacles que le hasard de la naissance ou les caprices de la fortune élèvent entre eux. Le jeune homme se nommait *Raoul*, la jeune fille avait nom *Mathilde*. Raoul était né dans une chaumière de parents pauvres et vertueux, Mathilde avait vu le jour dans le château du farouche et haut baron de Pont-Saint-Pierre, puissant seigneur d'Anfreville-les-Monts, etc., et tyran de tous les lieux que le ciel ou le droit du plus fort avaient mis sous sa domination. Il n'est pas étonnant que Raoul fût bon, aimable, et sensible; il peut le paraître davantage que Mathilde fût un modèle de douceur et de grace. Ses traits angéliques, où l'on aurait cherché vainement quelque chose de la rudesse qui caractérisait la physionomie du baron, rappelaient à ses vassaux la tendre épouse que ce seigneur perdit trop tôt pour leur bonheur.

« La baronne atteinte d'une maladie cruelle qui dévorait lentement ses jours, et que l'humeur sombre et sauvage de son époux était loin de calmer, avait été privée du plus doux plaisir que puisse goûter une mère. La crainte de faire passer dans le sang de son enfant le mal qui la consumait, l'avait réduite à confier sa fille aux soins d'une nourrice. De toutes ses vassales, c'était la mère de Raoul, né quelques jours avant Mathilde, qu'elle avait choisie pour cet emploi si doux. Sa chaumière touchait au parc de Pont-Saint-Pierre. Aucune autre femme n'aurait pu être plus agréable au baron, car Alix, c'est ainsi que se nommait la mère de Raoul, veuve depuis peu de mois, pleurait un époux qui avait péri en combattant à côté du seigneur d'Anfreville, et dont l'intrépide bravoure lui avait été souvent utile dans ses nombreux démêlés avec ses voisins. Ainsi l'invincible destinée qui entraînait Raoul et Mathilde l'un vers l'autre les réunit dès leur naissance sur le sein de la même femme.

« Il est beaucoup d'enfants chez qui cette première communauté, dont on ne devrait cependant jamais oublier la douceur, ne laisse guère de souvenirs; il est même probable que si la mère de Mathilde eût vécu, Raoul, séparé de la compagne de son enfance, avant d'avoir éprouvé aucun sentiment plus vif que ceux qui remplissent ordinairement le cœur à cet âge, n'aurait jamais songé à lever les yeux jusque sur la fille de son seigneur; mais il en advint autrement. La mère de Mathilde succomba bientôt à ses souffrances. Ce fut dans les bras d'Alix qu'elle rendit son dernier soupir, et ce fut elle qu'elle chargea de tenir auprès de sa fille une place que l'on peut occuper, mais qu'on ne remplit jamais.

« Le baron était alors à la guerre, et à la nouvelle de la mort de sa femme, le seul ordre qu'il donna fut de placer sur son tombeau une large pierre, où tous ses titres fussent gravés. Il les dicta lui-même à un *vilain*, qui lui servait de secrétaire, attendu qu'il eût été indigne du très noble baron de savoir écrire. Quant à sa fille, il ne s'en occupa pas plus que si elle eût été renfermée dans le même cercueil que sa mère. A son retour il ne trouva pas beaucoup plus de temps pour penser à elle ; il employait les loisirs de la paix à des chasses qui lui retraçaient encore l'image de la guerre. Les soins d'un enfant auraient pu nuire à ses plaisirs ; aussi jugea-t-il que sa fille était très bien dans la chaumière de la mère de Raoul : en effet, ce qu'il pouvait faire de mieux c'était de l'y laisser.

« La pauvre Mathilde y avait trouvé tout ce qui pouvait la dédommager d'un si cruel abandon. Aux tendres soins que la bonne Alix lui prodiguait, il eût été impossible de soupçonner qu'elle ne fût pas réellement sa fille, et tous ceux qui la voyaient gravir la montagne à côté de Raoul ou suivre avec lui dans la vallée les bords fleuris de l'Andelle, les auraient pris tous les deux pour le frère et la sœur, s'il n'y eût pas eu dans les manières de Raoul des égards et une sorte de respect qu'il est rare que des enfants du même sang témoignent l'un pour l'autre. Raoul trouvait que les bois n'avaient pas assez de nids, les prairies assez de fleurs et les vergers assez de fruits pour sa chère Mathilde ; il aurait voulu mettre à ses pieds les richesses de la nature entière. Mathilde lui reprochait souvent d'exposer sa vie pour elle, en grimpant jusqu'à la cime des arbres les plus élevés.

« La bonne Alix, moins ignorante que ne l'étaient généralement les femmes dans ces âges reculés, avait appris d'un de ses oncles, célèbre troubadour du pays, l'art de chanter de plaintives romances et de réciter de naïfs fabliaux. Elle employait les longues soirées de l'hiver à faire part à ses enfants de la *gaie science* qu'elle possédait. Lorsque la neige tombait à gros flocons ou que le vent du nord grondait autour de sa chaumière, elle leur racontait la belle histoire de la dame Blanche, ou leur faisait chanter la terrible romance du *Fantôme;* au moindre bruit Mathilde se troublait, tandis que Raoul, la pressant entre ses bras, et grossissant sa voix, chantait avec plus de fermeté et semblait protéger sa jeune amie contre tous les revenants et tous les sorciers du monde.

« Telle fut jusqu'à quinze ans la vie de ces aimables enfants sans que rien leur fît soupçonner qu'il existât un plaisir plus doux et plus vif que celui de vivre dans l'intimité fraternelle où ils passaient leurs jours. Un événement imprévu vint troubler tant de bonheur.

« Le baron de Pont-Saint-Pierre, tant qu'il avait pu s'occuper de guerre, n'avait pas songé qu'il eût une fille au monde. Il s'en souvint un beau jour qu'on le ramena chez lui pourfendu d'un coup d'estramaçon. Son premier soin en arrivant fut d'envoyer chercher Mathilde; on courut porter cet ordre à la chaumière, où il répandit la désolation. Il n'était jamais tombé dans l'esprit de Raoul qu'il pût être séparé de Mathilde; Alix qui l'avait bien prévu n'en souffrait pas moins de ces cruels adieux, et Mathilde craignait de ne pas retrouver chez un père, près de qui Raoul ne la suivait pas, et qu'elle avait à peine vu quelques heures dans le cours de sa vie, la tendresse dont elle était depuis quinze ans l'objet de la part de ses parents adoptifs.

« Cependant les ordres du baron étaient positifs, et il n'y avait pas d'exemple dans toute l'étendue de ses domaines que l'on eût hésité un instant à les remplir; Alix et son fils conduisirent sur-le-champ Mathilde au château, mais comme le baron n'avait demandé que sa fille, on la sépara de ses conducteurs dès la première porte. Raoul vit s'élever entre Mathilde et lui un pont-levis dont il pensa, dans le premier moment de sa douleur, qu'il ne verrait plus s'abaisser l'énorme rempart. Alix poussa un profond soupir, et tous deux reprirent le chemin de leur chaumière.

« Raoul ne s'y était jamais trouvé sans Mathilde; il en sortit bientôt. Il parcourut les bords de l'Andelle, les flancs des collines, les bois d'alentour. Mais celle qui enchantait ces lieux ne s'y trouvait plus. Les murs épais du château la dérobaient aux yeux de l'ami qui la cherchait; vingt fois il voulut les franchir; la terreur l'arrêta au pied du redoutable manoir. Ce n'était pourtant pas de l'amour que Raoul croyait ressentir; mais il eût donné sa vie pour revoir un instant Mathilde. De son côté, la fille du baron n'éprouvait pas de moins vifs regrets. Assise au chevet du lit paternel, pendant le jour, ses yeux étaient continuellement fixés sur une fenêtre à travers laquelle on apercevait dans le lointain le toit de la chaumière d'Alix; pendant la nuit, de longs soupirs et quelques larmes indiquaient assez quelles pensées agitaient son sein. Alix et Raoul se présentèrent plusieurs fois à la porte du château, sous prétexte de s'informer de la santé du baron; mais ils ne purent jamais pénétrer jusqu'à Mathilde, qui, pendant quarante jours et quarante nuits, ne sortit pas de la chambre de son père.

« Le baron guérit; sa fille, pour abréger les ennuis de sa convalescence, lui chantait souvent des romances ou lui contait des fabliaux. Le baron, que la voix de sa fille charmait, et que ses récits amusaient, lui demanda un jour qui lui en avait tant appris; c'était ce que voulait Mathilde; elle nomma Alix, et s'étendit avec reconnaissance sur les soins qu'elle avait reçus de cette excellente femme, ainsi que sur les bonnes qualités et la bravoure de Raoul, qui promettait d'égaler au moins son père. Ce discours fit tout l'effet desiré, et le baron arrêta qu'à sa première sortie il visiterait la chaumière d'Alix.

« Avec quelle impatience Mathilde attendit cet heureux instant! Raoul, qui passait la plus grande partie de ses journées sur une hauteur d'où il découvrait tout ce qui se faisait au château, n'eut pas de peine à reconnaître sa chère Mathilde, quoiqu'elle fût habillée avec plus de richesse que quand elle l'avait quitté. Il courut hors d'haleine à la chaumière pour engager sa mère à venir avec lui se placer sur le passage du baron et de sa fille, quand celui-ci entra soutenu par Mathilde. On peut se faire une idée de cette entrevue, on essaierait en vain de la peindre; le baron, pour qui les secrets du cœur étaient lettres closes, n'attribua qu'au respect qu'inspirait sa présence le trouble dont il était témoin, et s'expliqua tout aussi mal l'espèce de délire qui s'empara de Raoul lorsque monseigneur, en quittant la chaumière, l'appela au château en qualité de capitaine de ses chasses. Mathilde demanda et obtint qu'Alix suivît son fils. Tant de bonté n'était guère dans le caractère du baron de Pont-Saint-Pierre. L'affaiblissement qui était le résultat de sa maladie, la douceur angélique de sa fille, avaient calmé, sans qu'il s'en aperçût, son humeur dure et féroce. Il la reprit bientôt avec la santé, et ses malheureux vassaux se virent de nouveau en proie à tous les genres de vexations : chaque jour il en inventait de nouvelles; par exemple, s'il faut en croire les historiens du temps et la tradition du pays, il faisait réunir chaque année dans la cour de son château tous les jeunes gens des deux sexes qui étaient dans l'intention de se marier, et là, pour juger de la force et de la sincérité du sentiment qui les animait, il prescrivait à chacun d'eux les épreuves les plus bizarres et les plus cruelles. Les uns étaient obligés de passer la première nuit de leurs noces perchés comme des oiseaux sur les branches de quelque grand arbre; les autres étaient plongés pendant deux heures dans les eaux glacées de la rivière de l'Andelle; ceux-ci étaient attelés comme des animaux à une charrue et contraints de tracer un pénible sillon; ceux-là étaient obligés de sauter à pieds joints par-dessus un bois de cerf. Et malheur à ceux qui n'exécutaient pas ces ordres tyranniques; le flambeau de l'hymen ne s'allumait point pour eux; ils étaient ajournés à l'année suivante pour être exposés à de nouvelles épreuves.

« Tels étaient les divertissements dont le gentil baron de Pont-Saint-Pierre amusait ses loisirs.

« La sensible Mathilde n'oubliait rien pour dédommager à force de bienfaits les victimes de la tyrannie de son père, et sa main essuyait en secret les larmes qu'il faisait couler. Raoul s'efforçait de son côté de donner le change à sa cruauté, en lui ménageant de fréquentes parties de chasse. Cet heureux expédient était en même temps favorable à son amour; car le baron avait exigé que sa fille partageât ses dangereux plaisirs; et il était bien rare que dans ces chasses Raoul ne trouvât pas ou ne fît pas naître l'occasion d'entretenir un instant la tendre damoiselle. Aucun des deux n'osait se livrer à l'espérance; mais ils s'en aimaient peut-être encore davantage. Une circonstance, sans encourager Raoul, adoucissait au moins son sort. Le farouche baron ne pouvait supporter la présence ni de ses égaux, ni de ses supérieurs, et vivait au fond de son donjon, sans y admettre aucun des châtelains du voisinage, en sorte que Mathilde inconnue à tous n'était recherchée par personne.

« Plusieurs années se passèrent dans cet état, qui eût été le bonheur pour Mathilde et Raoul, si l'amour savait borner ses desirs; mais Raoul, qui d'abord avait résolu de mourir avec son secret, pensa ensuite qu'il valait mieux le révéler, sauf à appliquer après ce dernier remède à son désespoir. Un jour qu'il avait eu le bonheur de sauver la vie au baron, renversé et désarçonné, au moment où un sanglier furieux allait se précipiter sur lui, il crut pouvoir profiter de l'instant où ce farouche seigneur était encore dans les premiers transports de la reconnaissance pour hasarder l'aveu qui pesait sur son cœur.

« Je ne sais quelles expressions pourraient peindre la surprise et l'indignation que le baron éprouva à ce discours. Il paraît qu'il n'en trouva pas lui-même d'assez vives, car un regard atterrant et un geste du mépris le plus profond furent la seule réponse qu'il fit au pauvre amant. Raoul désespéré sentit bien qu'après son imprudent aveu il ne lui restait plus qu'à fuir.

« Il courut en pleurant apprendre son malheur à sa mère, et, après s'être revêtu de la vieille armure de son père, il se mit en devoir de quitter le château. Mais quel amant peut résister au douloureux plaisir de dire un dernier adieu à sa maîtresse ? Raoul, arrivé près du fatal pont-levis, frémit en songeant qu'il allait se lever, pour jamais peut-être, entre lui et l'objet de son amour. Cette idée le fit revenir sur ses pas, et s'arrêter un moment sous les fenêtres de Mathilde. Le baron l'aperçut, et, devinant à son costume et au désespoir empreint sur tous ses traits le projet qu'il méditait: « Tu pars, Raoul, lui dit-il d'un air moins sévère que celui-ci ne le craignait ? — Oui, répondit le jeune guerrier, je vais me rendre digne d'elle à force d'exploits, ou chercher au milieu des combats le terme d'une existence que je ne saurais supporter sans elle. — Tu aimes donc bien Mathilde ? — Si je l'aime ! — Animé de l'espoir de la posséder, te sentirais-tu le courage de tout oser? — Tout. — Eh bien, je vais mettre ton amour à l'épreuve. — Parlez! — Tu vois bien ce mont que les plus agiles habitants de la vallée ne gravissent qu'avec peine? — Oui... — Si tu peux d'une seule course, sans t'arrêter, sans reprendre haleine, porter Mathilde jusqu'à l'ermitage qui le couronne, elle est à toi. — Juste ciel, serait-il vrai! s'écrie Raoul, en embrassant les genoux du baron, aux pieds duquel il est tombé. — Elle est à toi, te dis-je, foi de chevalier! — Eh bien, conduisez-moi près d'elle, ajoute aussitôt Raoul en se relevant, et marchons au pied de la montagne. »

« Le baron fait avertir Mathilde, et l'instruit de ce que Raoul, dans son aveuglement, appelle son bonheur. La malheureuse amante soupire à ce récit, tandis qu'Alix lève vers le sommet du mont un œil baigné de larmes.

« Cependant, les sons du béfroi ont réuni tous les vassaux du baron de Pont-Saint-Pierre, et l'on s'achemine vers la montagne. On y est à peine arrivé, que Raoul, impatient de sentir contre son cœur le doux fardeau qu'il espère bientôt déposer au sommet du mont, a déja pris Mathilde entre ses bras. Le signal est donné; il part; on dirait que l'amour aplanit le chemin sous ses pas. Il ne marche pas, il vole. Les spectateurs, étonnés, attendris, le suivent des yeux en tremblant. Il a laissé loin derrière lui ceux qui ont voulu l'accompagner. Pauvre Mathilde! comme elle tremble entre les bras qui la soutiennent! comme elle se fait légère! elle craint d'ajouter à son poids celui de l'air qu'elle respire, et croit, en abandonnant aux vents sa belle chevelure, qu'elle soulage un peu son amant. Raoul est près du sommet, mais le court espace qui lui reste à parcourir offre un escarpement à pic; il va s'arrêter; il hésite, il chancelle, des cris d'encouragement portés par l'écho de la vallée jusqu'au sommet du mont, un soupir de Mathilde, qui s'est penchée sur lui, ont ranimé ses forces prêtes à l'abandonner. Il poursuit sa course : ô bonheur! on le voit atteindre le sommet du mont et disparaître derrière les murs de l'ermitage qui le domine. Mille applaudissements, mille cris de joie, célèbrent au fond de la vallée ce triomphe de l'amour. On brûle de revoir le vainqueur; on se précipite; mais la cloche de la chapelle a fait entendre un son lugubre; Alix a frémi; son sang s'est glacé dans ses veines. Quelques uns de ceux qui ont suivi de plus près ce couple infortuné descendent en poussant des cris de douleur. Alix, le baron, les interrogent, et l'un d'eux raconte que Raoul, parvenu au sommet du mont, est tombé sans vie au terme de sa course.

« La malheureuse Alix pousse un cri, et veut achever de gravir la montagne; le baron, et tous les assistants, la suivent; mais, ô spectacle d'épouvante et d'horreur! Tout-à-coup ils aperçoivent, sur la pointe d'un rocher, en saillie au-dessus de leur tête, une femme, c'était Mathilde, tenant entre ses bras le corps de Raoul. Tous les yeux, tous les bras, se lèvent vers elle: « Mon père, s'écrie Mathilde, l'hymen que vous avez ordonné s'accomplit...... » En achevant ces mots, elle s'élance avec son précieux fardeau, du sommet de la roche, et vient expirer aux pieds du cruel baron.

« Pour la première fois cette ame impitoyable s'attendrit. L'orgueilleux baron s'étonne de connaître les larmes: Alix n'en verse plus; elle meurt en embrassant son fils, et tous les témoins de cette scène de douleur adorent en gémissant cette justice divine, qui punit un maître cruel, en lui faisant trouver, dans un des caprices tyranniques dont il se plaisait à accabler ses vassaux, la source intarissable de son propre malheur.

« Alors, pour réparer autant qu'il est en lui sa déplorable erreur, le baron ordonne qu'une même tombe réunisse les deux amants, et qu'un couvent s'élève à l'endroit même où ils ont péri. Il eût mieux fait sans doute d'élever sur cette montagne une modeste chapelle, où l'ermite eût béni l'union de tous les amants malheureux qui seraient venus y chercher un refuge contre d'injustes persécutions;

mais dans ces temps d'ignorance et de superstition c'était avec des prieurés et des abbayes qu'on rachetait toutes les fautes et tous les crimes.

« Une maison de plaisance s'élève aujourd'hui à la place du prieuré des Deux Amants, dont il ne reste plus rien, pas même ces débris enlacés d'un vieux lierre, sous l'abri desquels Ducis est venu chercher la touchante inspiration qui lui a dicté le petit poème qu'il a consacré à la mémoire de ces touchantes victimes de la féodalité.

« C'était à Fontaine Guerard, autre couvent tout voisin du prieuré des Deux Amants, qu'était leur tombeau ; il existait encore quelques années avant la révolution. Ce couvent a été converti par M. Gueroult en une vaste filature, et en une belle fabrique de draps, source de travail et d'aisance pour les habitants d'alentour. M. Levavasseur, de Rouen, vient d'acquérir cette magnifique propriété.

« Pour achever la revue de tous les lieux célèbres dont cette solitude est le centre, vous n'avez plus qu'à porter successivement vos regards sur l'antique église de Léry, un des monuments d'architecture gothique les plus curieux et les plus anciens que l'on rencontre dans ce pays ; sur les clochers et les tours ruinées du *Pont-de-l'Arche,* et enfin sur le *Vaudreuil* qui vous offre, à une demi-lieue plus loin en tirant vers le sud, son frais et riant paysage, encore embelli par les eaux que l'Eure y promène. Les rois de la première race y avaient un palais dont on ne trouve plus de vestiges, mais qui sera bientôt remplacé par un magnifique château que fait bâtir en ce moment M. le duc de Coigny. C'est dans ces beaux lieux, qui semblent ne devoir inspirer que des pensées d'innocence et de paix, que l'infame Frédégonde médita long-temps les crimes affreux qui ont voué sa mémoire à la plus juste exécration.

N° CL. [8 JUIN 1823.]

LOUVIERS.

> Amitié, don du ciel, plaisir des grandes ames!
> Amitié, que les rois, ces illustres ingrats,
> Sont assez malheureux pour ne connaître pas!
> VOLTAIRE.

Je n'ai plus de guide; une affaire de famille rappelle pour quelques jours Léon au sein de la sienne: nous ne devons nous réunir qu'à Rouen: je prie donc mes lecteurs de me pardonner si je ne suis pas une route bien directe dans la partie du Vexin qui me reste à parcourir, avant d'arriver à Louviers, où j'espère que les secours de l'amitié ne me manqueront pas.

J'ai pris congé de mon aimable hôte, M. N***, auprès de qui l'on voudrait toujours vivre, une fois que l'on a commencé à le connaître; j'ai quitté D*** et j'ai dirigé ma route vers *Fontenai*. Je me serais doublement reproché de n'avoir pas visité l'ancienne demeure de Chaulieu, habitée aujourd'hui par une famille qui s'est montrée digne de l'alliance d'un de nos plus illustres guerriers[1]. MM. de Fayet étaient sept frères, qui ont tous porté les armes pour la défense de leur pays, et qui tous ont mérité que le signe de l'honneur brillât sur leur poitrine.

Le desir de voir quelques monuments historiques, qui se trouvent au château de Dangu, me détermina à y passer en me rendant à Gisors. Je n'eus pas lieu de me repentir de cette excursion. *Dangu* est un des sites les plus pittoresques que présentent les bords de l'Epte. Le paysage emprunte encore en cet endroit un nouveau charme de la fameuse *Tour de Naufles*, que l'on découvre à gauche, tandis que *Courcelles* étale sur la droite ses ruines couronnées de lierre.

Enfin me voilà sur la grande route de *Gisors à Ecouis*. Gisors, où j'ai couché et où j'ai passé quelques heures à parcourir la belle filature de coton de MM. Davillier, est une petite ville, qui, avec *Saint-Clair*, servait de boulevarts aux états des anciens ducs de Normandie. On y voit encore les ruines d'un château fort construit par Guillaume *le Roux*. Un voyageur, ami des arts, ne quitte pas Gisors sans avoir vu le chef-d'œuvre de sculpture dont Jean Goujon l'a enrichi; c'est un cadavre presque décharné, morceau d'une vérité tout à-la-fois hi-

---

[1] **Le maréchal Davoust.**

deuse et sublime. Il est enchâssé dans une des murailles de l'église.

On m'a montré aussi la place où tomba sous les coups des assassins cet infortuné duc de La Rochefoucault, dont la fin tragique n'a pas inspiré plus de pitié aux ennemis acharnés contre sa mémoire, que les vertus de M. de La Rochefoucault-Liancourt n'ont inspiré de respect à nos ministres.

L'homme avide de souvenirs se plaît aussi à chercher, entre *Trie-Château* et Gisors, la place de l'*ormeteau ferré*, arbre qui n'a pas été en moins grande vénération dans ce pays, que le chêne de saint Louis ne l'était à Vincennes. C'était sous son antique feuillage que les rois de France, et les ducs de Normandie, se réunissaient ordinairement pour signer la paix. Philippe-Auguste le fit abattre en 1189, de dépit de n'avoir pu la conclure.

Quelques personnes pensent que c'est à Trie-Château que J.-J. Rousseau a écrit la *Profession de foi du vicaire savoyard*, dont il avait conçu la première idée aux Charmettes. Ce qu'il y a de certain, c'est que l'auteur d'*Émile* y a passé quelque temps, auprès du prince de Conti.

Estrepagny, où l'on arrive après Gisors, était jadis une résidence royale, d'autres disent une simple métairie. Ce bourg n'a plus de royal aujourd'hui que son notaire et sa poste aux chevaux. C'est à Estrepagny que ce roi, dont le peuple a aussi gardé la mémoire, mais par des motifs différents de ceux qui ont gravé dans tous les cœurs le souvenir de Henri IV, passa une partie de sa vie dans la compagnie de son inséparable ministre saint Éloi. Les descendants du *bon roi Dagobert* occupèrent souvent son palais jusqu'au règne de Thierry. Ce prince en fit don aux moines de Saint-Denis, pour reconnaître les égards qu'ils avaient eus pour lui pendant le temps qu'il avait été enfermé dans leur cloître, avant de réunir sur son front les couronnes de Bourgogne et de Neustrie. Un nom qui se rattache encore aux annales d'Estrepagny, c'est celui de cette spirituelle Catherine d'Orléans, que la politique enleva trois ou quatre fois à l'amour, et que Catherine de Médicis eût consenti à voir reine de France, si elle eût eu moins de mérite. Avec de la beauté, une naissance illustre, et d'immenses richesses, elle finit par rester fille. Tous ses jours furent marqués par des actes de piété et de bienfaisance. C'est elle qui introduisit dans ce pays le commerce de la dentelle. Elle fit venir à grands frais des ouvriers pour enseigner aux habitants d'Estrepagny l'art de la fabriquer.

La terre d'Estrepagny a passé depuis dans la famille Turgot, qui doit sur-tout sa célébrité au vertueux ministre de ce nom. L'histoire, en n'approuvant pas dans toute son étendue le système de ce vertueux économiste, lui a su gré des efforts qu'il a faits pour arriver à une grande amélioration politique. Il avait été à même d'apprécier dans sa propre famille, par la manière dont on fit choix de son frère pour le gouvernement de Cayenne, jusqu'à quel point celui de France avait alors besoin de réforme.

M. de Choiseul, qui desirait confier l'administration de cette colonie à un homme de mérite, avait jeté les yeux sur le chevalier Turgot; mais celui-ci, entièrement adonné à l'étude des sciences, avait toujours vécu dans la retraite, et n'était guère connu à la cour, en sorte qu'il devenait fort difficile de déterminer le choix du souverain en sa faveur. M. de Choiseul mit le duc d'Ayen dans les intérêts de son protégé. Il ne s'agissait que de faire entendre son nom dans une circonstance qui fit quelque impression sur l'esprit du roi. Le duc, après en avoir inutilement épié l'occasion, et, désespérant de pouvoir jamais parler sérieusement dans une cour aussi frivole, entendit un jour le roi vanter une excellente sauce de chevreuil: « *Sire*, dit-il aussitôt, *c'est le chevalier Turgot qui l'a inventée* »; et il courut prévenir M. de Choiseul. Le lendemain le ministre présente la liste des nominations, et quand on en fut venu au nom du chevalier : « *Ah! fort bien*, dit le roi, qui se rappelait encore la sauce de la veille, *c'est un homme d'esprit, dont j'ai entendu par-*

ler; » et il signa sur-le-champ. A quelles misérables circonstances tiennent presque toujours le choix des ministres et la destinée des états !

C'est avec le vif regret de ne pouvoir m'y arrêter pendant quelques jours, que j'ai passé devant *Verclives*, paisible retraite où M. Bignon vient oublier les orages des sessions et se livrer aux utiles travaux par lesquels il en remplit si dignement l'intervalle. L'énergique historien des *Proscriptions* sent mieux, au milieu des arbres qu'il a plantés, des moissons qu'il a vu naître, combien la patrie est chère, combien l'exil est cruel. Si je n'avais pas été prévenu de son absence, je me serais détourné de ma route pour aller le surprendre au milieu de ses champs ; c'est sur-tout en présence de la nature que j'aime à étudier les hommes supérieurs ; il est rare que leur caractère ne s'y montre pas sous quelque aspect nouveau, et plus avantageux encore que dans le tourbillon des affaires. Ce n'est qu'à mon grand regret que je me suis vu forcé de renoncer au plaisir de m'entretenir quelques heures avec un des premiers publicistes de France, et un des plus brillants orateurs de ce côté *gauche*, si fécond en vertus et si riche en talents.

Je profite du moment pendant lequel on relaie ma chaise, pour aller voir l'intérieur de l'église d'Écouis, dont Léon m'a montré de loin les clochers, et pour lire de mes propres yeux sa fameuse épitaphe.

Au lieu de suivre la grande route, je me dirige par des chemins de traverse sur *Charleval,* et je visite en passant la plaine de *Brémulle,* où Henri I*er*, duc de Normandie et roi d'Angleterre, remporta une victoire signalée sur Louis-le-Gros, en 1119. C'est dans ce combat, où ce prince ne fut pas vaincu sans gloire, qu'il laissa échapper ce mot tout français, en étendant à ses pieds d'un coup de masse d'armes un Anglais qui voulait le faire prisonnier : « Ne sais-tu pas que même aux échecs on ne prend jamais le roi. »

J'ai parcouru les riantes collines qui dominent Charleval; j'ai vu la place que Charles IX, séduit par ce site enchanteur, avait choisie pour y élever une maison royale, au milieu de trois forêts immenses et en face de trois vallons délicieux qu'arrosent les deux rivières d'Andelle et de Lieure. C'est là que l'infame vint inutilement chercher le repos, que ses remords ne lui permirent pas de goûter.

J'ai laissé sur ma droite la petite ville de *Lions,* qui réclame, comme patrie de Benserade, un souvenir de l'homme de lettres, et je suis maintenant le cours de l'Andelle pour aller rejoindre à Pont-de-l'Arche la route de Louviers. Les chemins sont détestables, je suis obligé de mettre pied à terre à chaque pas; heureusement tout ce qui m'entoure est ravissant. C'est un petit voyage que je recommande à tous les amis de la belle nature qui n'ont ni le temps ni l'occasion d'aller chercher en Suisse des vallées pittoresques. Celle de *Fleury* est digne du pinceau des peintres et de la lyre des poëtes. J'ai remarqué sur-tout le charmant village et les beaux jardins de *Radepont*, les moulins à foulon de *Pont-Saint-Pierre* qui offrent de si heureux accidents aux paysagistes, et *Romilly* qu'enrichit une des plus belles fabriques de cuivre qu'il y ait en France.

Pont de l'Arche, où je retrouve la route de Paris, fut jadis une place forte; c'est la première de toute la France qui réclame l'honneur de s'être soumise à Henri IV, non pas lorsque la victoire eut sanctionné ses droits, mais immédiatement après l'assassinat d'Henri III. Ce n'est plus aujourd'hui qu'un bourg assez chétif, remarquable seulement par le pont qui lui a donné son nom, et qui est le dernier pont en pierre que l'on trouve sur la Seine jusqu'à son embouchure. Si j'avais eu quelques instants pour parcourir les environs de Pont-de-l'Arche, j'aurais visité *Pitres*, célèbre par l'assemblée qu'y tint Charles-le-Chauve en 864, et par un édit sur les monnaies, cité comme un des documents historiques les plus curieux que nous ayons sur cette matière. J'aurais aussi été m'asseoir sous les murs de *l'abbaye de Bonport*, fondée par Richard-Cœur-de-Lion, et où l'abbé de Polignac, disgracié par Louis XIV après son ambassade de Pologne, adoucit les ennuis de son exil en composant *l'Anti-Lucrèce*. J'aurais été rêver au pied de cette *roche de Saint-Adrien*, pèlerinage obligé de tous les artistes, et je me serais fait porter au sommet de la côte *du port Saint-Ouen*, à l'endroit où cette sensible *Nina*, dont la douce et touchante folie a fait pleurer toute la France, est venue pendant vingt ans, non pas au-devant du vaisseau qui ne devait plus lui rendre son amant, mais au-devant du coche de Paris par lequel il était parti pour aller s'embarquer à Bordeaux. Quelques personnes se rappellent encore l'avoir vue à cette même place où, quelque temps qu'il fît, elle n'a pas manqué un seul jour de se rendre. Un sentiment plus cher à mon cœur que les plus attendrissants souvenirs me rend impatient d'arriver à Louviers. Je quitte Pont-de-l'Arche : un jeune postillon fait voler ma chaise; mais il me semble que nous ne sortirons jamais des détours de la forêt où nous sommes engagés. Enfin la ville, qu'appellent tous mes vœux, m'apparaît à travers l'épaisseur du bois.

Salut, ville qu'habite l'ami de mon cœur! trois fois salut, industrieux Louviers dont les beaux draps se répandent dans les quatre parties du monde, pour y servir souvent de manteau à la fatuité, à l'insolence, et à la sottise! Quel nouveau Sedaine t'adressera une épître digne de figurer à côté de celle qu'il fit jadis à son habit? le sujet est fécond, mais je l'abandonne à qui voudra s'en emparer: pour moi, je ne suis plus accessible qu'à une seule pensée; je vais revoir mon ami Charles de Lonchamps. Nous nous sommes rencontrés pour la première fois, à dix-huit ans, sur les bords du Gange; avec quel plaisir nous allons nous retrouver, après trente ans, sur les bords de l'Eure! En pareil cas d'anciens amants n'éprouveraient certainement pas la même satisfaction; c'est que les souvenirs de l'amitié sont encore des espérances, et que ceux de l'amour ne sont plus que des regrets.

Louviers, où je fais en ce moment une des plus douces stations de mon pèlerinage, se déploie agréablement dans une vallée bien ouverte, arrosée par les eaux de la rivière d'Eure. Il est beaucoup de villes de commerce dont les dehors tristes et sombres sont loin de révéler l'opulence; celle de Louviers se manifeste jusque sur ses murs: rien n'est plus propre à en donner une haute idée que ces immenses fabriques qui dominent majestueusement les élégantes maisons des habitants; toutes les constructions nouvelles, et elles sont en grand nombre, annoncent chez les manufacturiers de Louviers ce bon goût qui nous enseigne l'art de jouir de nos richesses, art presque aussi précieux que le secret de les acquérir. On ne se lasse point de parcourir sur-tout cette partie de la ville que traverse l'Eure. Tout est pittoresque sur ses bords : de jolis ponts unissent ses rives, des saules pleureurs trempent leur longue chevelure dans ses eaux ; des groupes d'ouvriers occupés à laver des laines au courant de la rivière, et le bruissement des roues hydrauliques qui vont porter le mouvement jusque dans les ateliers les plus reculés des fabriques, animent ce charmant tableau.

L'antiquité de Louviers est attestée par deux monuments qui attirèrent particulièrement mon attention. L'un est une maison que l'on assure avoir appartenu aux Templiers, et qui date du douzième siècle ; l'autre est l'église de la ville, où l'on distingue trois espèces de style d'architecture gothique. L'intérieur offre plusieurs morceaux de sculpture assez curieux, et particulièrement un bas-relief dans lequel M. Charles Nodier, auteur du *Voyage romantique en Normandie*, a vu *la vie nomade, la vie pastorale, la vie sociale*, et je ne sais combien *d'autres ingénieux mystères*.

Il paraît que Louviers était déjà une ville assez importante en 1196, puisqu'elle fut choisie pour être le lieu des conférences relatives à la paix qui y fut signée entre Philippe-Auguste et Richard-Cœur-de-Lion. Froissart rapporte aussi que durant les guerres d'Édouard III elle fut prise par les Anglais, qui la saccagèrent et en emportèrent de grandes richesses. On voit que ce n'est pas d'aujourd'hui que date la guerre que ces insulaires font à notre industrie.

Louviers moderne est l'objet d'un intérêt encore plus vif que Louviers ancien. J'ai admiré pendant des heures entières les étonnants résultats de ces machines, qui épargnent à l'homme le travail de la brute, et qui lui font reprendre, jusque dans le travail de ses mains, cette supériorité intellectuelle, qui est son plus noble apanage.

« Tels sont pour nous, me disait M. Paul D***, en m'initiant avec une complaisance extrême aux prodiges de mécanique de sa belle et vaste filature, tels sont les avantages de cette révolution, non pas aveugle, sanglante, et désastreuse, dont on ne saurait trop proscrire le retour; mais de cette révolution éclairée et salutaire qui, trop tôt éclipsée par l'autre, n'eut pour but que de réformer des abus, de détruire des priviléges, de faire triompher les droits de l'humanité, et de vivifier le corps social, en rendant à l'industrie l'honneur et la liberté.

« Vous ne serez pas surpris que, sentant l'importance des conquêtes qu'ils doivent à ce nouvel ordre de choses, les fabricants de Louviers soient généralement animés de ce qu'on appelle *l'esprit libéral*. Ils en ont donné des preuves dans plus d'une circonstance. Ce sont les électeurs de Louviers qui, réunis à ceux de Pont-Audemer, ont le plus puissamment contribué à maintenir à la chambre ce Caton moderne, cet homme dont l'austère vertu semble peser aux agents du pouvoir, si l'on en juge du moins par les peines qu'ils ont inutilement prises pour tromper l'espoir de la France; le patriotisme de nos électeurs a su résister à toutes les manœuvres. On les a envoyés voter à Pont-Audemer, à l'autre extrémité du département; ils y sont allés, et ils ont nommé M. Dupont.

« Nous nous sommes trop bien trouvés des découvertes qui honorent notre siècle pour ne pas adopter, avec empressement, tout ce qui tend aux progrès de la société, ou à l'amélioration de l'espèce humaine. L'enseignement mutuel n'a été accueilli nulle part avec plus d'empressement qu'à Louviers. »

M. Paul D*** m'engagea à visiter l'école ouverte à cet heureux mode d'instruction, et je m'assurai bientôt qu'elle ne le cédait en rien à celles qui ont le plus de réputation à Paris. Honneur en soit rendu à M. Félix de Fontenay, qui l'a établie, et qui la surveille avec ce zèle ardent que l'amour de l'humanité et l'espoir de produire un grand bien peuvent seuls inspirer; cet excellent jeune homme, digne fils d'un père qui s'est toujours montré le sage défenseur d'une liberté qu'il honora par ses vertus, n'a pas dédaigné de redescendre quelques instants sur les bancs, pour mieux diriger les travaux de ses élèves.

Dans la revue que j'ai passée des principales fabriques de Louviers, j'ai pris note de celles de MM. Jourdain et Ribouleau, Piéton, Morainville, Trémeau, Prestat, Ternaux, Nouflard et Clerc-Neveu, comme les plus remarquables par la beauté de leurs produits; je me plais à offrir les noms de ces citoyens utiles à la reconnaissance publique..

Outre les fabricants industrieux dont s'honore Louviers, cette ville s'enorgueillit aussi de posséder dans son sein deux hommes que les muses contemporaines comptent parmi leurs plus chers favoris. L'un, cet ami Charles de Lonchamps, aimable auteur de *ma Tante Aurore*, du *Séducteur amoureux*, de *la Fausse Honte*, et de poésies charmantes, où se trouvent réunis tout ce que l'esprit a de plus enjoué, et tout ce que les graces ont de plus piquant, charme sa retraite en faisant résonner encore sa lyre dans les instants de repos trop rares que lui laisse cette maladie cruelle dont M. Pradier lui-même n'a pu arrêter les inexplicables ravages. L'autre, à qui l'on doit le poëme des *Fleurs*, production où il a su répandre toute la fraîcheur et toute la richesse de coloris qu'un pareil sujet exige, remplit les modestes fonctions de sous-préfet, dans lesquelles il s'est maintenu au milieu de toutes les vicissitudes, avec autant d'imperturbabilité qu'un secrétaire perpétuel à l'Académie française. C'est une sorte de bonne fortune pour Louviers de posséder à-la-fois

MM. *de Lonchamps* et *de Boisjolin*. Cette ville n'a jamais été si riche en poëtes, car ses annales littéraires n'en citent qu'un seul qui ait vu le jour dans ses murs; c'est *Michel Linant*, né en 1708, ce petit abbé que Voltaire trouvait plus propre à faire du chyle que des tragédies. Il n'est resté de ses travaux que le souvenir des trois couronnes qu'il remporta à l'Académie française, et que le titre de sa tragédie d'*Alzaïde*.

SUPERSTITION ET FÉODALITÉ.

N° CLI. [16 JUIN 1823.]

SUPERSTITION ET FÉODALITÉ.

. . . . *Sæpius olim*
Religio peperit scelerosa atque impia facta.
Lucr., lib. I.

La superstition fut trop souvent chez nos aïeux la source des forfaits.

Après avoir passé à Louviers, dans la famille de M. de Lonchamps, une des semaines les plus heureuses de ma vie, *ter conclamatum est!* j'ai embrassé trois fois mon vieil ami, son adorable compagne, et sa charmante fille, et me voilà de nouveau roulant loin des gens que j'aime pour aller visiter des gens que je n'ai jamais vus, et que je ne dois jamais revoir.

Je suis en route pour Évreux avec M. Paul D***, qui a voulu me conduire jusqu'à cette ville. Je n'aperçois qu'à travers un voile un peu sombre les riants paysages de la vallée de Louviers, que l'on suit pendant deux lieues, et c'est presque sans intérêt que j'arrête mes regards sur la manufacture de draps de *Gravigny* que l'on découvre sur la droite, un peu avant d'arriver à Évreux. En vain M. Paul D*** me fait remarquer le beau point de vue que le chef-lieu du département de l'Eure présente, en y arrivant par la route de Louviers; en vain il me cite le nom des rues et des places que nous traversons pour arriver encore à un hôtel du *Grand-Cerf*, tout fuit devant mes yeux, et rien ne laisse de trace dans ma pensée : demain je serai plus en état de voir et de juger.

Après avoir passé une partie de la nuit à lire les *Essais historiques et anecdotiques* de M. Masson de Saint-Amand *sur Évreux*, dont il a été le premier préfet, j'ai parcouru la ville, que l'on peut connaître jusque dans ses moindres quartiers en deux heures de promenade. La cathédrale, la ci-devant *place Bonaparte*, laquelle est devenue successivement la *place Royale*, la *rue Saint-Amand*, le *boulevart Champbaudouin*, l'*allée des Soupirs*, rien n'a échappé à mes scrupuleuses investigations.

Évreux est une ville qui forme un contraste frappant avec celle que je viens de quitter : tout est activité dans l'une, tout est inertie dans l'autre; tout est vivant dans la première, tout est mort dans la seconde. Il semble que les Ébroïciens aient emprunté quelque chose de leurs mœurs aux nombreux couvents qui occupaient jadis les trois quarts de leur ville. Mais aussi ils doivent à ce genre de vie calme et dégagé de la préoccupation des intérêts bruyants du monde une douceur de caractère et une urbanité que l'on remarque jusque dans les classes inférieures.

Les annales d'Évreux sont plus curieuses à parcourir que ses rues. C'est un madrigal tout-à-fait galant que l'étymologie que quelques antiquaires attribuent au mot latin *Eburovices* dont on a formé celui d'*Évreux*. Ils prétendent qu'il vient d'*Ebur* (ivoire), et que c'est à la blancheur éblouissante du teint de leurs femmes que les Ébroïciens ont dû leur nom.

Ce n'est pas moins de cinquante ans avant J. C., qu'il est pour la première fois question de la ville d'Évreux dans l'histoire. Après avoir été soumis par Jules César, ses habitants se réunirent à *Viridorix*, dans l'intention de secouer le joug des vainqueurs. Mais *Titurius Sabinus* fit échouer ce généreux projet. Évreux rentra sous la loi des Romains, et pendant long-temps on n'en parla plus, car les peuples vaincus n'ont point d'histoire.

En embrassant l'ensemble des événements dont Évreux fut le théâtre, on remarque qu'on peut les classer tous en deux chapitres, dont j'ai réuni les titres à la tête de celui-ci.

En effet, il n'y a peut-être point de pays où la *Superstition* ait accrédité plus d'erreurs, ni sur lequel les conséquences de la *Féodalité* aient pesé d'une manière plus déplorable.

Ce sont de vrais contes de fées que les aventures miraculeuses attribuées à tous les saints personnages de cette contrée. Saint Taurin, qui le premier vint y propager la foi, est naturellement celui aux dépens duquel les vieux chroniqueurs ont le plus exercé leur imagination. Sa vie fut un combat continuel avec le diable, auquel il finit même par arracher une corne. On a montré cette corne dans les caveaux de l'abbaye de Saint-Taurin, jusqu'à la fin du siècle dernier, à ceux qui doutaient de la vérité de cette histoire; et les vrais fidèles, en l'approchant de leur oreille, entendaient distinctement ces mots: *Taurin, Taurin, rends-moi ma corne.*

Il faudrait un volume entier pour recueillir toutes les anecdotes de même nature qui pullulent dans les annales d'Évreux. Il n'y a pas d'abbaye ou de village un peu remarquable qui n'ait la sienne; témoin la cage de l'abbaye du *Breuil*, et la croix lumineuse de *Saint-Leufroi*.

En fait de superstition, les abus dérivent les uns des autres; on n'est donc pas surpris des excès et des absurdités de tout genre qui accompagnaient à Évreux la célébration de certaines fêtes, dont le prétexte seul était religieux. Outre *la fête des Fous ou des Innocents*, qui était commune à toutes les cathédrales de Normandie, Évreux célébrait encore celle de *Saint-Vital.* Dans le principe, tout le cérémonial de cette fête consistait à sortir processionnellement de la ville pour aller cueillir dans les bois voisins des branches de feuillage et des fleurs dont on ornait les statues des saints; mais bientôt le zèle devint si ardent, qu'on fut obligé de mettre sur pied tous les gardes forestiers pour s'opposer à la dévastation des bois, dans lesquels il arrivait à plus d'un pèlerin de s'égarer avec sa pèlerine. Bientôt aussi les rafraîchissements que l'on offrit aux fidèles leur échauffèrent tellement la tête que la fête dégénéra en saturnales qui se prolongeaient pendant dix jours. Les chapelains couraient les rues avec leurs surplis à l'envers, et les enfants de chœur portaient les chapes. Il est juste de dire que le bas clergé seul prenait part à ces excès, auxquels les chanoines s'opposèrent constamment. Il faut cependant en excepter le fameux *Jean Bouteille,* qui, pour encourager encore cette orgie, ordonna par testament que l'on célébrât chaque année sa mémoire pendant un des jours de la fête de Saint-Vital. Cette commémoration consistait à étendre dans l'église un drap mortuaire au milieu duquel on plaçait une énorme bouteille, et quatre petites aux angles, à la charge par les chantres de vider le tout après la cérémonie. On aurait peine à croire, si le fait n'était pas constaté par des documents historiques[1], que cette fête ait été l'objet de plusieurs fondations fort considérables, et toutes à-peu-près du même genre.

Il paraît que les anciens habitants d'Évreux avaient un grand faible pour ces espèces de cérémonies. Le trop fameux roi de Navarre, *Charles-le-Mauvais*, ne trouva pas de meilleur moyen pour gagner leur affection et leur faire oublier ses crimes que de fonder une confrérie de Saint-Pierre et Saint-Paul, dont on célébrait la fête avec la plus grande pompe; le prince y paraissait lui-même en surplis et en chape, le front couronné de fleurs, comme roi de la confrérie. C'est, sans contredit, un des plus curieux spectacles que l'hypocrisie et la scélératesse aient jamais offert à la superstition. De telles mœurs expliquent, jusqu'à un certain point, la préférence que François Ier donna à Évreux pour y faire en 1540 un petit essai de l'inquisition que Paul III l'engageait à établir en France; mais les habitants d'Évreux ne voulurent pas mêler l'atrocité au ridicule. Ils pensèrent que quelques au-to-dafé n'ajouteraient rien aux plaisirs de leurs fêtes, et ils s'unirent au reste de la Normandie pour repousser cet exécrable tribunal. Il rendit cependant deux ou

---

[1] Voyez une lettre insérée dans le *Mercure de France* au mois d'avril 1726.

trois sentences, qui ne servirent qu'à donner de nouvelles forces à la secte qu'on voulait détruire. On a conservé long-temps à Évreux le sceau des inquisiteurs; et les prisons, où ils se proposaient d'entasser leurs victimes, n'ont été détruites que lors de la révolution, en même temps que le couvent des *Frères Prêcheurs* dans lequel on les avait établis.

L'histoire politique d'Évreux est plus grave que son histoire religieuse. Peu de villes ont été aussi souvent assiégées, prises, et pillées. L'indépendance elle-même, qui est ordinairement la source de la prospérité des états, ne fut pour Évreux qu'un sujet de troubles et de guerres continuelles. Il est vrai que cette indépendance n'avait point été accordée au bénéfice de tous, et que dès-lors elle cessait d'être un bienfait. Richard Ier, en séparant Évreux de son duché de Normandie pour l'ériger en comté en faveur de Robert, son second fils, fit de cette ville le centre d'une puissance inférieure, qui, plus tard, voulut secouer le joug de celle qui l'avait créée. Elle était cependant sous les bannières de la légitimité, lorsqu'elle fut assiégée par Henri Ier, duc de Normandie et roi d'Angleterre, qui s'était emparé de cette double couronne au préjudice de son frère Robert, à qui il avait fait crever les yeux. Les habitants d'Évreux firent une si belle défense qu'Henri, désespérant de prendre la ville d'assaut, ne trouva d'autre moyen de s'en rendre maître que de la réduire en cendres. Il eut d'abord quelque répugnance à en venir à ce moyen extrême dont les conséquences devaient atteindre également ses partisans et ses ennemis; mais ses scrupules furent levés par l'évêque Audouin, que les assiégés avaient chassé à cause de son attachement aux intérêts de l'usurpateur. Ce prélat, de l'avis de quelques *honnêtes gens* (*consilio prudentum*), dit Ordéric Vital, ordonna qu'on lançât les feux sur la ville, à condition toutefois qu'Henri se chargerait de rebâtir, à ses frais et avec plus de magnificence, les églises qui seraient détruites par l'incendie. L'automne était sec, le vent favorable, le désastre fut complet. Henri, fidèle à sa promesse, releva une église, qui, réputée alors la plus belle de toute la Normandie, formait le contraste le plus révoltant avec la détresse des malheureux Ébroïciens. Mais ce monument n'insulta pas long-temps à leur misère; il fut brûlé par Philippe-Auguste lorsque ce prince, irrité du massacre que Jean-sans-Terre avait fait, au milieu d'un repas, de la garnison française qui occupait alors Évreux, livra pour la seconde fois cette malheureuse ville aux flammes. On ne retrouve les vestiges du temple élevé par Henri Ier que dans la nef de la cathédrale actuelle; le reste de l'édifice est d'une construction plus moderne.

Je ne m'engagerai point dans le récit de toutes les vicissitudes qu'a subies le comté d'Évreux, lequel, jusqu'à sa réunion à la couronne de France, eut toujours le malheur d'être la proie des ambitions secondaires ; mais, après avoir lu son histoire, j'ai cessé d'être étonné qu'aucun genre d'industrie n'ait pu germer sur ce sol dévasté si long-temps par la féodalité.

Les derniers princes qui ont possédé Évreux à titre de duché, sont ceux de la maison de Bouillon. Il leur avait été donné par Louis XIV en échange de la principauté de Sedan.

Il est remarquable qu'Évreux, une des villes de Normandie les plus fécondes en familles nobles, ait été en même temps la plus stérile en hommes célèbres. Elle ne peut guère réclamer que l'honneur d'avoir donné le jour à quelques théologiens, qui ont déployé dans de vaines disputes de controverse des talents qui, dirigés vers un but plus utile, auraient été plus glorieux pour leur mémoire.

Le fameux comte d'Essex, Robert d'Évreux, a dans un autre genre, répandu plus d'éclat sur la ville, dont sa famille était originaire ; Évreux en a aussi emprunté de plusieurs de ses évêques, entre autres du célèbre cardinal du Perron qui eut moins de mal à convertir Henri IV, qu'à terminer les différents de ce prince avec la cour de Rome.

Évreux peut s'enorgueillir aussi de quelques contemporains; cette ville compte au nombre des hommes qu'elle a vu naître le maréchal-de-camp *Hugot*, qui a fait avec distinction la guerre d'Amérique, et le général d'artillerie *Nourry*, dont les exploits sont plus récents. Quelques personnes assurent que l'amiral *Brion*, qui commande les forces navales de Colombie, a vu le jour dans cette ville. Les sciences et les lettres réclament les noms de l'astronome *Duvaucel*, qui fut ami de *Lalande* et correspondant de l'Institut, et de *Nicolas Bonneville*, auteur d'un recueil de poésies, et traducteur des chefs-d'œuvre du théâtre allemand.

Je croyais qu'en quittant le midi de la France, je ne retrouverais plus de souvenirs de 1815; mais Évreux s'est aussi ressenti de l'influence de cette funeste année. Le principe vicieux n'était point dans le peuple, que la douceur de son caractère et la nature même du climat défendaient des excès auxquels on se livrait sous un ciel plus ardent. Il était placé plus haut.

Au reste, le mal occasioné par l'administration de cette époque ne fut pas sans compensation. Il fit vivement sentir aux habitants du département de l'Eure de quelle importance il était pour chaque citoyen de trouver des garanties dans le gouvernement lui-même; et aux plus prochaines élections, ils nommèrent à la presque unanimité les trois honorables députés, MM. *Dupont*, *Bignon*, *et Dumeilet*, qui se sont montrés si fermes défenseurs des libertés publiques, desquelles seules dérive la liberté de chaque citoyen.

Je retenais des chevaux pour me faire conduire jusqu'au château de *Navarre*, séjour charmant, voisin d'Évreux, et qui servait jadis de résidence à ses comtes, lorsque mon hôte, qui s'était aperçu à mes questions que je cherchais à visiter toutes les curiosités de la ville, me demanda si j'avais été voir la *Châsse*. Sur ma réponse négative, il m'engagea à ne pas quitter Évreux sans avoir admiré cette merveille, et me proposa de me conduire à l'église Saint-Taurin pour me montrer la châsse de cet évêque.

C'est en effet un morceau de sculpture gothique aussi riche par la matière que précieux par le travail. L'église Saint-Taurin le dispute en antiquité à la cathédrale; elle dépendait autrefois d'une abbaye qui jouissait, à ce que m'apprit mon guide, de plusieurs priviléges importants, notamment de celui de recevoir les évêques d'Évreux le jour de leur arrivée dans leur siége, et d'exposer leurs corps dans l'église de l'abbaye, le jour de leur mort. « Cette dernière partie des priviléges des moines, me dit mon hôte, devint dans deux circonstances l'occasion d'un grand scandale dont on n'a point encore perdu le souvenir ici, quoique les faits remontent à cinq ou six cents ans. Les moines de Saint-Taurin s'étaient singulièrement relâchés des vertus et de l'austérité de leur pieux fondateur; Jean d'Aubergenville, qui était alors évêque d'Évreux, crut de son devoir d'arrêter leurs dérèglements. Mais les moines se vengèrent sur sa mémoire de la régularité à laquelle il les avait contraints, en refusant de recevoir ses restes : punis pour cet outrage, ils le renouvelèrent envers son successeur, en se portant encore à de nouveaux excès. Ils ne craignirent pas de violer le tombeau du prélat, d'en retirer son corps, et de le fouetter sur le seuil de leur église. »

J'étais porté à croire que ces anecdotes étaient au nombre de celles que la malignité attribue quelquefois aux moines; mais la vérité du récit de mon hôte n'est que trop bien établie par les pièces du procès auquel cet acte de fureur monacale a donné lieu.

J'ai laissé mon hôte et la châsse pour aller à *Navarre*. Cette maison de plaisance doit à la beauté des bois et à la limpidité des eaux qui l'entourent, des charmes que l'art chercherait en vain à reproduire ailleurs. L'état d'abandon dans lequel on laisse ce délicieux séjour, ajoute encore à la rêverie mélancolique dont on se sent saisi à l'ombre de ces vieux arbres, qui ont si bien inspiré la muse de Fontanes. Tout ce qui était l'ouvrage de la main des hommes a péri dans ces riants bosquets; mais la nature, rendue à elle-même, y a créé des beautés d'un autre genre. Les cimes vigoureuses de ces arbres que l'on n'émonde plus, ces routes nouvelles que les eaux se sont ouvertes à côté de celles qu'on leur avait ménagées, ne manquent ni d'effet, ni de grace, et le paysagiste trouverait difficilement de plus magnifiques sujets d'études. *L'île d'Amour* et *le jardin d'Hébé* avaient repris une partie de leurs agréments, il y a quelques années, lorsque l'impératrice Joséphine vint ensevelir ses chagrins à Navarre. Non moins bonne dans l'adversité qu'au faîte des grandeurs, cette princesse a laissé dans cette retraite les mêmes souvenirs de bienfaisance et de graces qui s'attachaient par-tout à sa personne.

Le château de Navarre est loin de répondre à la magnificence des jardins. Il n'a point été habité depuis l'impératrice Joséphine. Je remarquai dans l'appartement qu'elle avait occupé un petit chien empaillé qui avait été cher à cette princesse. Cette image de la fidélité, échappée à toutes les révolutions et à tous les désastres, me suggéra des réflexions dont certains hommes doivent me savoir gré de leur faire grace.

Un pavillon, bâti tout exprès pour recevoir

Louis XV, s'élève à côté du château. Deux portraits de madame de Pompadour, fort bien conservés, font encore l'ornement ou, pour mieux dire, la honte de l'appartement qu'habita ce prince. On reconnaît dans quelques mauvaises croûtes appendues à ses murs les traits des La Vallière, des Montespan, des Fontanges, cortége placé là par la flatterie, pour persuader à un monarque que ses honteuses folies n'étaient que d'aimables faiblesses.

N° CLII. [24 JUIN 1823]

LE JUGE ET L'ACCUSATEUR.

Si judicas, cognosce, si regnas, jube.
SÉNÈQUE.

Si vous êtes juge, écoutez-moi; si vous êtes mon maître, ordonnez de mon sort.

Si je n'étais pas arrivé à cette époque de la vie où l'on compte ses heures aussi bien que ses pas, je me ferais un reproche de n'en avoir pas consacré quelques unes à visiter deux champs de bataille, également dignes d'attirer les regards de tout Français qui parcourt cette contrée. C'est sur l'un que fut livrée la bataille d'*Ivri*, et sur l'autre que le fut celle de *Cocherel*. Cependant, comme il est très probable que ces notes serviront à guider des voyageurs plus ingambes que moi, je réunirai ici les renseignements que je me suis procurés sur ces deux points importants du département de l'Eure.

Avant que Voltaire eût, dans sa brillante Épopée, donné un nouvel éclat à la gloire de Henri IV, et immortalisé, dans les plus beaux vers de la langue, les lieux qui avaient servi de théâtre aux exploits du Béarnais, personne ne songeait à visiter Ivri, et aucun monument ne rappelait au voyageur que c'était dans la plaine qui avoisine ce bourg qu'avait été jadis décidé le destin de la France. Ce n'est que vers la fin du siècle dernier que le duc de Penthièvre forma le projet d'y élever une pyramide; mais les indications manquaient pour savoir dans quel lieu on devait la placer de préférence. Tous les renseignements historiques avaient été vainement compulsés, quand on s'avisa de consulter les anciens du pays. Quand il s'agit du *bon roi*, la mémoire du peuple n'est jamais en défaut. Une scrupuleuse tradition avait conservé parmi les habitants d'Ivri tous les détails de l'affaire. Ils montrèrent où l'armée de M. de Mayenne était rangée en bataille; où le roi avait déployé la sienne; et enfin, la place qu'avait ombragée long-temps un vieux poirier, sous lequel Henri IV s'était endormi après la victoire. Ce fut ce dernier endroit que le duc de Penthièvre choisit pour y jeter les fondements d'un monument qui périt comme tant d'autres sous les coups de l'anarchie. Il a été depuis relevé par Napoléon, qui y fit graver quelques inscriptions; je ne garantis pas que les curieux les y retrouvent encore; ils pourront du moins les lire dans les *Essais Historiques* de M. Masson de Saint-Amand.

A Ivri ce fut un roi de Navarre qui battit les Français; à Cocherel ce furent les Français qui battirent un roi de Navarre, ou du moins ses troupes, car c'était Jean de Grailly qui commandait pour Charles d'Évreux. La bataille de Cocherel est un des premiers faits d'armes par lesquels Duguesclin commença à faire respecter l'autorité de Charles V, et à arrêter les envahissements de cette *fidèle* noblesse, toujours habile à profiter des troubles de l'état pour augmenter ses richesses et sa puissance. Cocherel est encore digne de quelque attention par ses antiquités. On y a découvert, en 1685, un tombeau d'une structure toute particulière, et que l'on croit l'ouvrage d'hommes entièrement étrangers à la Gaule.

Après m'être acquitté de la dette que m'imposaient les souvenirs de Cocherel et d'Ivri, je quitte Évreux et me fais conduire à travers les riches et fertiles campagnes du Neufbourg, à l'habitation de M. P***, avec qui j'ai lié connaissance en terminant une affaire d'intérêt dont madame de Lorris m'avait chargé près de lui. Ce n'est pas toujours aussi amicalement que l'on finit en Normandie de pareilles discussions; j'ose dire que l'exception n'en est que plus honorable pour les parties. M. P***, qui m'avait fait promettre de le revoir ailleurs que chez le notaire, est un philosophe pratique qui, avec une fortune considérable et une instruction étendue, a préféré à toutes les autres professions l'art qui devrait rester toujours le premier chez les peuples policés. L'existence du bonheur est, dans ses idées, tellement inséparable de la culture de ses champs, qu'il n'a point voulu que ses enfants embrassassent d'autre état que le sien, et qu'il les a ramenés à la charrue après leur avoir donné une éducation assez brillante pour arriver à tout. Il semble qu'il ait trouvé entre la rusticité de la vie champêtre et le raffinement de la vie civilisée, ce juste milieu qui a quelque rapport avec l'âge d'or des poetes, et qui vaut mieux peut-être. Tout dans l'intérieur de sa maison et dans ses habitudes retrace le bon goût et l'élégance de la ville; mais il s'y joint je ne sais quoi de simple et de naturel que l'on ne rencontre pas dans les cités.

M. P*** m'a donné des détails précieux sur tout ce qui intéresse l'agriculture du département de l'Eure, et sur les progrès dont elle serait susceptible, si une aveugle routine, plus puissante sur l'esprit du peuple que l'intérêt lui-même, ne les reculait encore.

« Ce département, me disait-il, est un de ceux que la nature a dotés avec le plus de richesse et de variété. Il en est peu qui présentent à-la-fois des plaines aussi fertiles que celles de *Saint-André*, *d'Écouis*, et du *Neufbourg;* des forêts aussi spacieuses que celles de *Lyons*, de *Pont-de-l'Arche*, *d'Évreux*, de *Conches*, et de *Beaumont;* et enfin des prairies aussi belles que celles des vallons de la

Rille, de l'*Iton*, et de l'*Eure*. Louviers vous a déja donné une idée de notre industrie; les forges et les fonderies de *Breteuil* et de *Conches*, les fabriques d'épingles de *Rugles*, vous prouveraient qu'elle ne se borne pas à un seul genre de produits. Si vous étiez jaloux, ajouta-t-il, de jouir d'un seul coup d'œil du spectacle qu'offrent nos richesses territoriales, je vous engagerais à me suivre à la *foire de Saint-Jean*, qui réunira demain au *Neufbourg* un prodigieux concours de vendeurs et d'acheteurs. C'est un tableau de Téniers qui n'est point indigne d'attirer un moment vos regards. »

J'acceptai la proposition, et le lendemain nous nous rendîmes à la foire du Neufbourg. On ne peut se figurer rien de plus animé et de plus vivant que cette immense cohue. Ce qui me frappa le plus à travers la mêlée, c'est l'usage où sont les domestiques des deux sexes qui se trouvent sans conditions, de venir s'exposer sur la place, chacun avec les attributs de sa profession. Ce spectacle, dont la variété est assez agréable, me déplut cependant par les idées qu'il réveilla dans mon esprit. J'y trouvais trop de similitude avec ces marchés de l'Orient, où l'homme n'engage pas seulement pour un temps ses travaux et sa liberté, mais où il est vendu sans retour.

J'étais plongé dans les réflexions que ce rapprochement était propre à faire naître, lorsque M. P***, qui m'avait quitté quelques instants, vint me rejoindre. « Je vois bien, me dit-il, qu'il faut que je vous révèle les titres que le Neufbourg peut avoir à votre intérêt, car vous ne soupçonneriez jamais que ce modeste bourg, où vous n'êtes entouré que de bons laboureurs tout-à-fait étrangers aux lettres, a été le berceau du genre de spectacle dont les Français tirent le plus de vanité, et auquel vous devez vous-même quelque illustration! Oui, mon cher ermite, c'est ici que l'opéra a pris naissance; c'est ici qu'un certain marquis de Sourdac, amateur passionné de mécanique, fit représenter dans son château, en 1661, avec une extrême magnificence, la première tragédie à machines, mêlée de chant, qui ait été composée en France. Le cardinal Mazarin, à ce que nous apprend Grimm, avait fait exécuter à la cour, un an auparavant, une pastorale italienne en musique; mais la *Toison-d'or* décida du succès de ce nouveau genre d'ouvrage dramatique; et Corneille, en imprimant à cette espèce de poëme la supériorité de son génie, assura celle de l'opéra français.

« Une gloire moins frivole que le Neufbourg peut aussi revendiquer, c'est celle d'avoir donné le jour à cet honorable M. *Dupont* (de l'Eure) votre ami et le mien. Vous savez aussi bien que moi ce qu'il a fait comme citoyen et comme député, mais peut-être êtes-vous moins instruit de ce qu'il a fait comme magistrat. C'est aux nombreuses victimes qu'il a arrachées à la fureur de l'esprit de parti et aux rigueurs des lois d'exception; c'est aux coupables eux-mêmes, à l'égard desquels il n'oublia jamais ce qu'on doit de pitié et de respect au malheur, qu'il faut le demander. Appelé, jeune encore, à présider la cour spéciale d'Évreux, il concilia, avec autant de bonheur que de sagesse, les devoirs de ses redoutables fonctions avec ceux que l'humanité imposait à son cœur généreux. Il sut dans ces temps de troubles discerner le degré d'indulgence qu'il fallait accorder aux circonstances, et le point délicat où devait commencer pour le juge le caractère de la criminalité. Le pouvoir lui-même le trouva impassible comme la loi, quand il voulut faire du tribunal où il l'avait placé un instrument de ses vengeances.

« Chacun dans ce pays a encore présente à la mémoire l'affaire d'*Aubin* et de *Goujon*, accusés avec neuf autres personnes de *vols de diligences*. C'était en 1809; le gouvernement, irrité de voir se reproduire un genre de crime dont un parti (qui n'avait pas pris alors pour les siens le titre exclusif d'*honnêtes gens*) cherchait à colorer l'infamie sous des dehors politiques, résolut de frapper le peuple par un exemple effrayant. On fit clairement entendre au juge des malheureux accusés qu'il eût à trouver des coupables; mais notre vertueux compatriote resta sourd à de pareilles insinuations, et le sort des prévenus lui devint plus cher du moment où il vit qu'on voulait les placer sous un autre glaive que celui de la justice. Les charges qui s'élevaient contre eux furent discutées avec le plus grand soin; et après s'être convaincu de leur innocence, M. Dupont éprouva la jouissance la plus pure pour un magistrat intègre, celle de rendre à la liberté et à leur famille onze citoyens dont une accusation injuste avait menacé la tête. Le gouvernement d'alors eut assez de grandeur ou de politique pour ne point destituer le juge inébranlable qui avait eu assez de conscience pour lui résister.

« Vous ne devez pas être surpris de l'ascendant qu'un pareil homme exerce sur ceux qui l'ont vu soutenir vingt ans un aussi noble caractère. Il n'est peut-être personne dans le département de l'Eure, et je n'exclus pas même ceux qui suivent aujourd'hui une ligne politique entièrement opposée à celle de M. Dupont, qui ne remît à sa décision, avec la plus entière confiance, sa fortune et sa vie. Déja trois fois nous l'avons nommé notre mandataire, et si quelque jour vous le voyez disparaître de la députation de l'Eure, vous pourrez être certain que ses concitoyens auront été soumis à une influence étrangère.

« Peut-être pourrez-vous tirer quelque induction en faveur de la solidité du jugement et de la sagesse des habitants de ce pays, quand vous saurez que c'est encore du Neufbourg qu'est sorti le célèbre jurisconsulte *Ferey*, dont les consultations avaient en quelque sorte force de loi dans les tribunaux, et aux soins duquel le barreau de Paris doit la fondation de la bibliothèque des avocats. »

Ce n'était pas assez pour moi d'avoir beaucoup parlé de M. Dupont avec M. P***, je desirais le voir, et je priai M. P*** de me conduire à *Rouge-Perrier*, où cet Aristide des temps modernes vit dans une modeste retraite, et vient se reposer des agitations politiques en cultivant lui-même ses champs, qui étaient loin de s'agrandir après chaque session. Bientôt même sa modeste fortune ne lui aurait plus permis de figurer sur la liste des éligibles, si ses concitoyens ne se fussent empressés de lui faire hommage de la terre du Hom, la première donation vraiment nationale qu'un homme public ait reçue en France de ses concitoyens.

Nous arrivâmes trop tard à Rouge-Perrier, et nous apprîmes que celui, sur l'hospitalité duquel nous comptions, était parti de la veille avec une personne arrivée en poste de Paris. Nous aurions pu croire qu'il s'agissait d'une affaire alarmante, si on ne nous eût appris aussitôt que cette personne était M. de Coupigny, à qui de jolies romances ont fait une réputation poétique moins précieuse peut-être à ses yeux que celle du plus habile pêcheur de la capitale. On nous dit que les deux fugitifs s'étaient dirigés la ligne à la main vers *Bernay*, d'où ils devaient suivre le cours de la Rille jusqu'à Pont-Audemer. Je résolus de me mettre à leur poursuite, et je me séparai de M. P***. Pour les couper dans leur marche, je me rendis à *Brionne*, où je les rencontrai en effet; j'éprouvai cependant quelque regret de n'avoir point visité Bernay : je perdais par-là l'occasion d'entretenir un des hommes les plus versés dans les antiquités de Normandie, et qui met le plus de complaisance à aider de ses lumières les voyageurs que l'amour des sciences et des arts amène dans ce pays. Mais ce n'est pas assez, M. *le Prevost* doit se souvenir encore qu'il est comptable envers le public du fruit de ses savantes recherches. J'aurais aussi rencontré dans la même ville, avec l'intérêt qui s'attache à une infortune non méritée et avec l'indignation qui survit encore aux abus d'un pouvoir despotique, un autre M. *Prevost*, qui est une des dernières victimes vivantes de l'odieux régime des lettres de cachet. Ce vieillard respectable, âgé aujourd'hui de quatre-vingt-dix-sept ans, a puisé dans l'étude des livres saints les principes de morale et de liberté qui ont été la règle de sa vie. Jeune encore, il n'avait pu voir sans une pieuse horreur la majesté du trône avilie par une marquise de Pompadour, et, nouveau Nathan, il crut de son devoir d'admonester un nouveau David. Il lança quelques couplets trop vrais pour ne pas blesser.

La favorite irritée le fit précipiter dans les cachots de la Bastille, qu'il ne vit s'ouvrir que le jour où ils s'écroulèrent pour jamais [1].

L'histoire ne parle guère de Bernay qu'à propos de la fondation d'une abbaye de bénédictines, que l'on doit au zéle religieux de Judith, femme de Richard II, duc de Normandie. Parmi les savants on cite les deux frères *Jean et Louis Boivin*, qui y virent le jour. Les amis de la prospérité nationale parcourent avec intérêt les nombreuses fabriques de toiles et de frocs de Bernay, et la belle manufacture de draps de MM. *Sevaistre*.

Pendant que chacun de mes nouveaux compagnons de voyage

.... Aux appâts d'un hameçon perfide
Amorce en badinant le poisson trop avide,

ce que j'ai de mieux à faire c'est de décrire le théâtre de leurs plaisirs.

La *Rille*, qui arrose cette vallée, ne commence à prendre quelque importance qu'aux environs de *Rugles;* elle baigne ensuite *Neuve-Lire* et *Vieille-Lire*, villages auxquels on pourrait supposer une origine poétique. Après un cours souterrain d'une lieue, la Rille reparaît à *Beaumont-le-Roger*, où ses

---

[1] Nous apprenons que M. Prevost vient de terminer sa longue carrière avec le calme du sage et la confiance de l'homme vertueux.

eaux portent le mouvement dans les ateliers de MM. *Danet* et *Odiot*, redoutables rivaux des fabricants de Louviers. Le surnom de Beaumont rappelle le nom d'un de ses seigneurs suzerains, capitaine et vassal de Guillaume-le-Conquérant. Des ruines imposantes attestent encore que ce fut jadis une place forte. Il en est de même à Brionne, où l'on voit sur les hauteurs qui dominent cette petite ville du côté du levant quelques restes d'un vieux château.

Tout annonce que Brionne a été autrefois une ville plus importante qu'elle ne l'est maintenant. Elle avait trois églises, une abbaye, et un lazaret; comme place forte c'est une de celles dont le nom figure le plus fréquemment dans l'histoire de ce pays. Elle est célèbre aussi par la fameuse conférence qui y fut tenue en 1040, en présence de Guillaume-le-Conquérant et de toute sa cour, et dans laquelle la doctrine de Béranger, qui niait la présence réelle dans l'Eucharistie, fut définitivement condamnée. Beaucoup de personnes ignorent probablement que ce n'est que depuis ce temps qu'il est d'usage d'élever l'hostie pendant le sacrifice de la messe.

Brionne n'est plus aujourd'hui qu'un bourg qui, s'il obtient de nouveaux accroissements, les devra tout entiers aux chutes nombreuses que les eaux de la Rille présentent dans leur cours. L'honneur d'avoir ouvert dans cette contrée de nouvelles sources de richesses et d'avoir arraché à la misère une population nombreuse appartient aux fondateurs des belles manufactures de draps de Brionne et de Pontauthou.

La manufacture de Brionne que j'ai visitée la première est due aux généreux efforts de M. le général *Lemarrois*, qui ne s'est point laissé rebuter par les nombreux sacrifices qu'exigeait nécessairement sa vaste entreprise. Il a pensé qu'il ne pouvait faire un plus noble usage d'une fortune acquise par les armes qu'en la consacrant à la prospérité de l'état : c'est avoir doublement mérité de la patrie. J'ai parcouru aussi avec intérêt à Brionne la filature de coton de M. *Lemoine*.

J'ai quitté les bords de la Rille, dont mes compagnons de voyage suivent scrupuleusement toutes les sinuosités, et je me suis dirigé avec le brave colonel D***, que j'avais vu autrefois en Italie, vers la fameuse *abbaye du Bec*. C'est aujourd'hui un haras, et l'ancienne demeure des moines est occupée par des étalons : peut-être vaut-il mieux améliorer la race des chevaux que de détériorer celle des hommes.

On ferait un assez beau palais des restes de l'abbaye du Bec. Tout ce qui était consacré à l'habitation des moines a été conservé; l'église et la maison chapitrale ont seules été rasées. Les bâtiments encore existants sont d'un style moderne aussi simple qu'élégant ; leur construction ne paraît pas remonter au-delà du dix-septième siécle. Il ne reste des anciens monuments qu'une vieille tour carrée qui puisse attester l'antique origine de ce couvent. On nous apprit, pendant que j'en prenais le croquis, qu'on avait été sur le point de la détruire il y a quelques années; quoiqu'elle ne soit d'aucune utilité, je la réclame en faveur du paysage auquel elle donne un caractère tout-à-fait romantique.

«Un soldat fugitif de l'armée de Robert-le-Libéral, nommé Hélouin, me dit le colonel, fut le fondateur de cette magnifique abbaye. Aussi pauvre alors que ses heureux successeurs furent riches depuis, il ne trouvait personne pour venir partager sa retraite. Je ne sais quel heureux hasard lui envoya l'Italien Lanfranc, qui était avocat à Pavie, et qui vint se faire moine en France. Lanfranc était instruit; il ouvrit, dans l'abbaye du Bec, la première école qui ait été consacrée en Normandie à l'enseignement des langues et des sciences. Sa réputation fut bientôt européenne. De cet instant la fortune de l'abbaye du Bec fut décidée. Heureux si ses richesses s'étaient toujours accrues par un aussi noble moyen! L'abbaye du Bec a donné sous les ducs de Normandie des archevêques à l'Angleterre, et depuis des évêques à la France, et quelques savants à la république des lettres. Lors de la révolution c'était, m'a-t-on assuré, monseigneur l'évêque d'Autun qui était abbé du Bec. »

Au moment où le colonel terminait sa dissertation, nous arrivâmes à la porte des écuries: je ne sais si c'est avec une intention épigrammatique qu'on les a placées dans l'ancien réfectoire des moines; sans desirer qu'on les rendît à leur destination première, on pourrait regretter que ces beaux bâtiments ne fussent pas employés à un usage mieux approprié à leur construction.

« Il est, reprit le colonel, une particularité que je ne dois pas omettre pour compléter l'aperçu historique que je vous ai donné sur le Bec, et qui m'a singulièrement frappé à mon arrivée dans ce pays, c'est le grand nombre de familles de ce village et des environs pour qui le nom *d'Abbaye* est devenu un nom propre. Il serait peut-être curieux d'en rechercher la cause. J'ai vu quelques physionomistes qui prétendaient l'expliquer; mais en bon chrétien je dois les regarder comme des médisants. — Et moi, ajoutai-je, je dois, en historien fidéle, prendre note de votre remarque, ne fût-ce que pour en faire l'objet d'une *observation de mœurs.* »

Nous avions donné rendez-vous à nos pêcheurs à *Pontauthou;* ils y étaient arrivés avant nous, et nous les rejoignîmes dans les ateliers de la belle manufacture de draps de M. *Constant Duruflé.* Ils avaient déja visité la vaste filature que ce même négociant a fondée dans ce village de concert avec M. *Turgis* et M. *Quesné.*

Je ne connais rien qui fasse naître des idées plus riantes que le spectacle d'une population nombreuse livrée à des occupations utiles, sur-tout lorsque, grace au secours des machines, le corps est exempt de trop grandes fatigues et que l'adresse et l'intelligence suffisent presque seules au travail; c'est ce que nous trouvâmes à Pontauthou. Le contraste que présentait cette fabrique si animée avec l'abbaye déserte et silencieuse que nous venions de quitter me conduisit naturellement à comparer les temps où l'on bâtissait des monastères avec celui où l'on fonde des manufactures.

Je rendis en imagination à l'abbaye ses richesses et sa splendeur, et je me demandai quels avantages en avait retirés ce pays pendant une suite de huit siècles. En vain mes yeux cherchaient dans ce qui m'entourait la trace de quelque amélioration, de ces défrichements dont on attribue trop souvent l'honneur aux moines; ici tout est encore sauvage, tout semble sortir des mains de la nature. L'incurie des moines a laissé pendant huit siècles autour de leur abbaye des landes considérables sans culture. C'était sur les plaines fertiles du Roumois qu'ils levaient les onéreux impôts avec lesquels ils élevaient à grands frais des maisons d'une magnificence royale. Quelle différence aujourd'hui! la cloche ne retentit plus dans ces paisibles vallons pour marquer les exercices monotones des moines, elle ne sert plus de signal à la paresse pour venir chercher au couvent le grossier aliment d'une existence oisive; elle appelle au travail tous ceux qui veulent acheter à ce prix l'aisance et le bonheur. On défriche les landes, et c'est par les soins d'un négociant, de M. *Hutrel,* que sont plantés les bois qui les couvriront bientôt de leur ombrage. Je laisse à tout homme de bonne foi à tirer la conséquence de ce rapprochement.

De Pontautbou à Pont-Audemer, *Montfort* est le seul endroit dont le nom mérite d'être cité. Je recommande les ruines de ses anciennes fortifications aux amateurs de créneaux, de tourelles, de donjons, de mâchicoulis, et de bastions; mais je n'en donne aucune description, dans la crainte qu'il ne prenne fantaisie à quelqu'un de mes lecteurs de substituer aux épigraphes que je mets en tête de mes chapitres ce vers qui finira celui-ci :

« Le secret d'ennuyer est celui de tout dire. »

N° CLIII. [1ᵉʳ JUILLET 1823]

DE PONT-AUDEMER A ELBEUF.

> O mon habit, que je te remercie!
> SEDAINE.

Nous avons couché à *Pont-Audemer*, à *l'hôtel du Louvre*. Je savais d'avance que cette ville n'offrirait à mon examen aucune particularité ni aucun monument remarquables, et c'est uniquement pour l'acquit de ma conscience que j'ai fait le tour de ses fossés.

Pont-Audemer est agréablement situé sur les bords de la Rille, aux eaux de laquelle on a ouvert une multitude de canaux qui traversent la ville en tous sens; le commerce et la salubrité publique y trouvent un égal avantage. On devrait plus souvent imiter cet exemple.

On prétend que cette ville tire son nom d'un certain *Aldomar* ou *Odomar*, chef de cette partie de la Gaule dans le cinquième siècle, et qui sans doute fit bâtir un *pont* en cet endroit, circonstance indispensable pour motiver l'alliance de ces mots *Pons-*

Odomari, dont on a fait Pont-Audemer. Ce qui est plus certain c'est que l'artillerie fut employée pour la première fois en France contre ses murs, mais sans succès, sous le roi Jean; Duguesclin la soumit à Charles V, et la démantela.

Les habitants de Pont-Audemer ont eu le bon esprit de chercher à reconquérir par l'industrie le rang que le renversement de ses fortifications avait fait perdre à leur ville. Ils ont réussi; nulle part on n'a poussé aussi loin l'art de préparer les cuirs. Cette branche de commerce n'est pas une de celles qui s'est le moins ressentie des progrès que toutes ont faits en France depuis trente ans. Les produits qui sortent aujourd'hui des tanneries de cette ville peuvent le disputer à ce que l'Angleterre fournit de plus parfait. Je me plais à indiquer les noms de MM. Plumer, Bunel, Benard-Loisel, Bocquet et Bourcy comme ceux des hommes qui contribuent le plus efficacement à soutenir cette concurrence.

En rentrant à l'hôtel, j'appris que pendant que je faisais le tour de la ville mes compagnons de voyage avaient reçu, en leur nom et au mien, une invitation de déjeuner à la jolie maison de campagne que M. M*** possède à une lieue de la ville. Je m'en félicitai doublement sitôt que j'eus été présenté au maître de cette maison et à son neveu. Le hasard ne pouvait mieux m'adresser pour confirmer dans mon esprit la réputation d'affabilité, de prévenance dont jouissent les habitants de Pont-Audemer : je profitai de l'occasion qui m'était offerte d'obtenir des renseignements sur quelques points qu'on n'approfondit guère en courant les rues d'une ville; M. L. G*** satisfit avec une extrême complaisance à toutes mes questions.

« J'ai remarqué dans la relation de vos voyages, me dit-il, que, vous affectionniez particulièrement les pays où vous rencontriez l'amour de la patrie uni à l'amour de l'ordre, qui en est inséparable. Je crois que vous en avez peu trouvé qui, à cet égard, aient plus de titres à vos éloges que celui-ci. Ce n'est peut-être pas à Pont-Audemer même qu'il faudrait chercher le foyer de ces sentiments généreux; ils ont en général plus d'énergie dans nos campagnes qu'à la ville, quoique tout ce qui tient à l'industrie y soit animé de cet esprit libéral que l'on n'avilira jamais, quelles que soient les fausses définitions qu'on en donne. C'est cet esprit, appliqué à nos rapports de société, qui fait que nous ne prenons point des prétentions pour des droits ni de la naissance pour du mérite. Nous jugeons les hommes pour ce qu'ils valent, et nous en avons ici qui ont leurs raisons pour se récrier contre cette appréciation philosophique et révolutionnaire : nous rions à présent de leur colère; il fut un temps où ce n'était pas sans danger qu'on la bravait, pour peu sur-tout que l'on tînt à un des innombrables anneaux de cette chaîne immense qui enveloppe la France sous le nom *d'administration*. Il fut une époque où nous avons eu comme les autres, et peut-être mieux que quelques autres, notre gouvernement d'exception; ce qui ne doit pas vous étonner, puisque l'arrondissement de Pont-Audemer dépend de la préfecture de l'Eure. Heureusement les mesures, arrêtées à la préfecture, s'adoucissaient quelquefois en passant par notre administration secondaire. Il est rare qu'il n'en arrive pas tout autrement; aussi n'en faut-il savoir que plus de gré à M. *de Sainte-Marie* s'il n'a pas fait tout ce qu'on aurait peut-être voulu qu'il fît. »

Pont-Audemer n'a guère de titres à la gloire littéraire, car il n'est pas possible, avec la meilleure volonté du monde, de mettre au nombre des littérateurs *Pierre De Lorrain de Valmont,* qui a écrit un *Traité de la Baguette divinatoire et une Apologie de la Rubrique des Missels qui ordonnent de dire secrétement le canon de la messe.* Guillaume Dagoumer a laissé plus de réputation comme professeur de philosophie, et recteur de l'université de Paris. Parmi les contemporains, le nom du général *Delaunay*, mort à Mondovi, et qui était né dans cette ville, est inscrit avec honneur dans nos fastes militaires.

Les amateurs d'antiquités nationales seront bien aises d'apprendre aussi qu'ils trouveront dans M. *Re-*

ver, retiré à Conteville, près Pont-Audemer, un savant éclairé, et le guide le plus complaisant pour aider leurs recherches.

M. L***, que je consultai sur l'itinéraire que je m'étais tracé pour gagner Rouen, me conseilla, au lieu de me rendre directement de Pont-Audemer à Elbeuf, de faire un détour par *la Mailleraye* et *le Landin,* deux terres célèbres dans ce pays par les agréments de leur situation sur les bords de la Seine, et la beauté de leurs jardins. La Mailleraye était surtout celle qu'il m'engageait à visiter.

« Puisque vous aimez à étudier les mœurs, me dit-il, vous pourrez en observer dans cet heureux coin de terre, qui sont propres à servir de modèles. La Mailleraye est en quelque sorte un petit état à part, qui s'est conservé, comme par miracle, au milieu de tous les orages politiques, et que gouverne la bienfaisance personnifiée sous les traits de madame *de Nagu.* Rien ne vous retracera dans ses domaines les airs de la féodalité ni les hauteurs seigneuriales. Si vous la rencontrez quelque part, ce sera au milieu des nombreux ouvriers à qui elle se plaît à créer des occupations, causant avec eux comme une mère avec ses enfants; ou bien vous la verrez distribuant à l'indigence les secours qui lui sont toujours réservés dans la *boulangerie,* dans le *vestiaire,* ou dans la *pharmacie* du château. »

Ce tableau était trop séduisant pour résister au

plaisir d'en jouir par moi-même; je partis pour la Mailleraye.

J'ai vu ce délicieux séjour et celle qui y répand par ses vertus et par l'excellence de son cœur un attrait plus doux que tous les charmes qu'il emprunte de la majesté du fleuve qui l'arrose, de la beauté des bois qui l'ombragent, et des agréments que l'art y a répandus. Le *Colombier*, le *Kiosque*, la *Saboterie*, le *Caprice*, la *Fontaine*, l'*Ermitage*, le *Temple*, la *Hutte Tartare*, le *Parasol*, et l'*Éventail*, offrent tour-à-tour aux promeneurs de nouvelles surprises ou de charmants lieux de repos. J'ai rencontré madame *de Nagu* dans son parc où les personnes qui viennent le parcourir sont toujours accueillies avec la plus aimable prévenance. Si je ne me trompe, ce qui a paru le plus surprendre madame de Nagu en m'apercevant c'était de trouver en moi un vieillard qui ne paraissait lui céder en rien pour le nombre des années, et qui avait cependant la démarche aussi ferme et l'air aussi vert qu'elle-même.

La Mailleraye offre aux recherches du biographe contemporain deux noms dignes de figurer dans ses annales. C'est au nom de la patrie qu'il doit y inscrire celui de M. *Bignon*, également distingué comme publiciste, comme diplomate, et comme député. Des titres moins éclatants, mais non moins vrais, assignent la place de M. *Année*, ancien commissaire des guerres, dans les rangs des meilleurs citoyens et des littérateurs les plus recommandables. C'est avec un regret plus vif que j'ai quitté la Mailleraye quand j'ai su que ce charmant village avait été le berceau d'un ancien ami, et d'un compagnon de mes premiers travaux littéraires.

Le *Landin*, moins considérable que la Mailleraye, mérite cependant qu'on aille se reposer sous ses jolis bosquets. Cette belle terre appartient à M. de Sainte-Marie.

Du Landin, je me suis rendu à *la Bouille*, village fameux par ses bateaux, qui servent de communication entre Rouen et la *Basse-Normandie*. Il en part chaque jour trois de Rouen et trois de la Bouille, qui suffisent à peine au nombre des passagers et au transport des marchandises. J'ai vu à l'ancre un de ces bateaux devant lesquels la *Galiote de Saint-Cloud* et le *Coche d'Auxerre* doivent baisser pavillon.

Si les améliorations les plus évidentes n'étaient pas précisément celles que l'on repousse avec le plus d'obstination en France, j'aurais pu être surpris que l'on n'ait pas encore établi des bateaux à vapeur sur cette partie de la Seine. Les bateaux actuels vont au moyen du halage, rendu également difficile par la force du courant lorsqu'on monte le fleuve, et par la marée lorsqu'on le descend. Pendant l'hiver, toute navigation est quelquefois interrompue à cause du débordement des eaux; à cette époque un seul bateau à vapeur serait d'une grande utilité pour le service public, et d'un produit sûr pour ceux qui l'établiraient.

Moulineaux, que j'ai gagné à pied pendant que l'on conduisait ma chaise par des chemins détestables jusqu'à la poste aux chevaux, est un petit village où les ruines du *château de Robert-le-Diable* attirent les amateurs d'antiquités gothiques; je ne sais s'ils ont lieu d'être bien satisfaits du pélerinage. Le temps a jeté un voile impénétrable sur l'origine de cette forteresse, et a presque entièrement recouvert ses débris d'une végétation vigoureuse; on est heureusement dédommagé de la peine que l'on a eue à gravir jusqu'à la crête du mont que dominait jadis le château de Robert, par un des points de vue les plus étendus que l'on puisse imaginer. Quoique à cinq lieues de Rouen, vous découvrez une partie de cette ville; les vastes forêts de *Roumarre* et du *Rouvray* balancent à vos pieds leurs dômes de verdure, pendant que la Seine, qui serpente au milieu des bois, présente ses bords semés de jolies habitations et de jardins délicieux.

De brillantes calèches, de jolis cabriolets, qui volent sur la grande route, que j'ai enfin regagnée, de lourdes voitures chargées de laines, d'indigo, de garance, de chardons d'Avignon, de bois de Brésil et de Campêche, m'annoncent l'approche d'une des villes de France où l'industrie a peut-être en ce moment le plus d'activité. L'idée que je m'étais faite de ses richesses, le luxe des équipages que j'avais rencontrés, et l'élégance des femmes que j'y avais aperçues, m'avaient porté à penser que tout à Elbeuf respirait l'opulence et le goût; aussi ne saurais-je exprimer quelle a été ma surprise en voyant l'assemblage de masures qui composent cette ville, où le meilleur hôtel garni était, il n'y a pas long-temps encore, un mauvais café. A l'aspect de ces rues si mal pavées, de ces maisons de bois si singulièrement bariolées de losanges et de croix de Saint-André, on serait tenté de s'écrier: Où diable la fortune va-t-elle donc se nicher? mais quand on a parcouru les ateliers d'Elbeuf, on s'explique sans peine comment ses industrieux habitants sont parvenus à fixer dans leurs murs cette volage déesse.

Ce sont ici les mêmes procédés de fabrication qu'à Louviers; on emploie les mêmes machines, on en tire les mêmes secours, et on en a obtenu les mêmes résultats, c'est-à-dire des produits plus parfaits et moins chers qu'autrefois. S'il fallait cependant indiquer les traits caractéristiques qui m'ont paru distinguer ces deux villes rivales, je dirais qu'à Louviers on recherche plus particulièrement la finesse des étoffes, et à Elbeuf leur solidité; que là on vise plutôt à la qualité, et ici à la quantité; que les fabricants de Louviers travaillent plus en artistes, ceux d'Elbeuf plus en négociants; que les premiers peuvent être regardés comme formant la noblesse de l'industrie, et les autres le tiers-état; d'où il suit, là comme ailleurs, que Louviers a plus de réputation et Elbeuf plus de richesses.

Il est rare que l'histoire ne prenne pas l'esprit des siècles qu'elle retrace; il ne faut donc pas s'étonner que dans un temps où l'art de tuer les hommes était le seul noble, elle ait exclusivement recueilli les faits qui concouraient à leur oppression et à leurs malheurs, sans daigner s'occuper de ce qui contribuait à leur félicité et à leur bien-être; on ne sait rien de positif sur la fondation ni même sur les premiers établissements d'Elbeuf. Des tombeaux que l'on a découverts tout récemment sur une hauteur qui domine la ville, et dans lesquels on a trouvé un squelette d'une grandeur colossale, et des médailles à l'effigie d'*Antoninus Pius*, permettent aux amateurs de conjectures de donner carrière à leur imagination.

En passant à des temps plus rapprochés, ce n'est encore que d'après quelques inductions assez vagues que l'on est porté à croire que la fabrication des draps devait exister à Elbeuf dans le commencement du treizième siècle. On voit en effet, dans l'histoire d'Évreux, que la *gaude*, plante dont on se sert en teinture, était cultivée dans les environs d'Elbeuf dès 1208. Des titres qui datent du seizième siècle, prouvent qu'alors cette petite ville comptait quatre-vingts fabricants, ce qui suppose une origine déja ancienne. Au reste, ce ne fut que sous *Colbert* qu'elle atteignit son plus haut degré de splendeur; ce ministre, qui n'a eu jusqu'ici qu'un successeur digne de lui être comparé, et ce successeur est M. *Chaptal*, donna à la ville d'Elbeuf, comme à toutes les autres villes manufacturières du royaume, des réglements aussi utiles, lorsque les arts industriels étaient encore dans l'enfance, qu'ils leur sont devenus nuisibles depuis. Car, s'il était nécessaire dans le principe de tracer une route certaine à l'inexpérience, plus tard il était absurde d'empêcher le fabricant éclairé de s'en créer de nouvelles.

Elbeuf seconda merveilleusement l'heureuse impulsion qui lui fut donnée. Son industrie ne se bornait pas, comme on l'a trop souvent répété, à la fabrication des draps communs, on y faisait aussi des draps fins pour les femmes, et même *du point de Hongrie*, espèce de tapisserie dans le genre de celles *d'Aubusson*, dont on voit encore un beau modèle au château de *Saint-Germain-en-Laye*.

Un acte aussi impolitique que barbare, la révocation de l'édit de Nantes, détruisit en un jour les heureux effets de la sagesse de Colbert et le fruit des travaux d'une population industrieuse. Leyde, Londres, et Leycester, se partagèrent les principaux chefs des fabriques d'Elbeuf, qui ne se releva que long-temps après du coup que lui avait porté le grand roi, devenu l'époux de madame de Maintenon et le pénitent du père Letellier.

Ce ne devait être que par suite d'un autre événement presque aussi désastreux pour la France, que la fabrique d'Elbeuf pouvait recouvrer l'éclat auquel elle semblait primitivement destinée; c'est depuis la séparation de la Belgique qu'elle a éprouvé un accroissement immense. Il n'y aurait peut-être pas d'exagération à dire que la population d'Elbeuf, ses produits et ses richesses, ont doublé depuis cette époque, et qu'aujourd'hui on y emploie autant de matières premières qu'à Louviers, Sedan, Carcassonne, et Castres réunis. Au premier rang des maisons qui concourent à ces prodigieux travaux, je citerai, sans prétendre n'en pas omettre plusieurs dignes de la même distinction, les noms de MM. Grandin, Duruflé, Quesné, Flavigny, Legrand, Leroi, Godet, Sevaistre, Turgis, Lambert, de La Rue, Maille, Delaunay, Louvet, Gauthier, Grémon, etc.

Une amélioration due tout entière aux temps modernes, et qui ne doit point échapper à ceux qui parcourent les ateliers d'Elbeuf, c'est celle qu'ont éprouvée les laines nationales, qu'on y emploie presque uniquement, et qui ne le cèdent en rien à celles d'Espagne, et très peu à celles de Saxe. Les laines de Rambouillet, de Brie, de Berri, et de Caux, ont remplacé les Léonaises et les laines de *Ségovie*. Maintenant que le succès a couronné les efforts que l'on a faits pour affranchir la France du tribut de vingt-sept millions qu'elle payait jadis à l'étranger (et elle était loin de consommer alors autant de laines qu'aujourd'hui), c'est une chose tout-à-fait curieuse de relire les arguments par lesquels cette secte trop nombreuse, qui s'est déclarée en France pour un système de stagnation complète, prouvait qu'on ne parviendrait jamais à récolter autre chose que des laines à lisière sur le dos des mérinos. Il faut que ce soit une maladie bien profondément enracinée dans l'esprit français que cette manie de se refuser aux bienfaits des découvertes et des inventions utiles, et de ne les recevoir en quelque sorte que lorsque l'autorité lui en impose la loi. Cette observation n'est pas faite pour flatter l'orgueil national; mais je répondrai à ceux qui s'en offenseront, par l'énumération des obstacles que l'on a tour-à-tour opposés à la méthode des assolements, à la culture de la pomme de terre, au perfectionnement des laines, à l'introduction des machines, à l'inoculation, à la vaccine, sans parler de ceux que l'on oppose en ce moment encore à l'usage du gaz hydrogène, des bateaux à vapeur, et à la propagation de l'enseignement mutuel.

La société ne se divise ici qu'en deux classes, celle des maîtres et celle des ouvriers; je ne crois pas qu'il y ait un noble dans toute la ville, à moins qu'il n'ait dérogé. Peut-être en examinant bien n'en découvrirait-on pas moins quelques préjugés aristocratiques, d'autant plus ridicules qu'il est peu de villes où la tradition conserve avec plus de fidélité l'histoire des origines et des généalogies.

On ne connaît à Elbeuf qu'une passion, celle des affaires, et qu'un seul état, celui de fabricant. Les autres professions ne sont même en quelque sorte que des accessoires de la profession universelle; médecins, notaires, juges-de-paix, apothicaires, tout le monde cède à l'influence locale. Il n'est pas jusqu'à des ministres de Dieu qui se sont, dit-on, occupés de cet état mondain, où l'on ne saurait réussir cependant sans le secours du *Diable*[1].

D'après cette direction générale des idées, on ne doit pas être surpris qu'Elbeuf, comme Louviers, n'ait vu qu'un seul de ses enfants abandonner les

---

[1] Machine qui ne devrait servir que pour étendre les draps, mais qu'on emploie quelquefois pour les alonger.

rives du Pactole pour celles du Permesse. *Louis-Robert Parfait Duruflé* est le seul habitant d'Elbeuf qui ait gravi les sommets escarpés du Parnasse; il concourut deux fois pour le prix de poésie à l'Académie française, et quoiqu'il ne l'ait pas obtenu, car il n'y avait alors de palmes que pour La Harpe, ses poésies, jugées favorablement par les journalistes du temps, eurent dans le public un succès que les pièces couronnées n'obtiennent pas toujours.

Il est probable qu'Elbeuf eût pu inscrire avec distinction un autre nom dans ses fastes littéraires, si un cruel accident n'eût moissonné à l'entrée de sa carrière le jeune *Pierre Fantelin*. Comme avocat, il s'était annoncé au barreau de Rouen de la manière la plus brillante : la mort ne lui a pas permis de réaliser les espérances qu'il donnait comme littérateur.

L'esprit du commerce n'est guère moins opposé au métier des armes qu'à la culture des arts; dans ces derniers temps, Elbeuf n'a compté dans les rangs de nos braves que deux généraux, *Bachelet-Danville* et *Dupont-Derval;* ce dernier, éminemment doué des qualités qui distinguent les Français, ne s'était pas fait moins de réputation par l'élégance de ses manières et les charmes de sa conversation, que par sa bravoure sur les champs de bataille; tué à la Moskowa, il a eu le bonheur de ne pas survivre à la gloire de son pays.

Si Elbeuf mérite par ses richesses et sa population de prendre rang parmi les villes de seconde classe, on pourrait peut-être lui en contester le droit sous quelques autres rapports : en effet, on y cherche vainement les traces de cette administration tutélaire qui caractérise les grandes villes. A cet égard, il y a tel bourg qui l'emporte de beaucoup sur Elbeuf, et dont les habitants auraient honte, par exemple, qu'on n'allumât leurs réverbères que pendant six mois de l'année. Des bourgeois un peu plus jaloux d'embellir leur ville, auraient sans doute rasé depuis long-temps ces halles, qui en salissent et en déshonorent le centre, et sous lesquelles un vieillard, courbé comme moi par les années, ne saurait passer sans se baisser encore. Je ne parle pas du peu d'empressement que l'on a mis à ouvrir une communication directe sur Paris, puisque l'on travaille enfin à convertir en grande route les deux lieues de chemins de traverse qui seules l'interceptaient. Au reste, j'ai moins l'intention d'adresser ici des reproches à l'administration, que d'éveiller l'indifférence des Elboviens pour les choses d'intérêt public. Trop occupés comme fabricants, il ne leur reste plus de temps pour remplir leurs devoirs de citoyens. Ce serait pourtant pousser cette négligence un peu loin, s'il était vrai, comme on me l'a dit, qu'à une époque il eût fallu nommer un maire d'office à Elbeuf.

Au milieu d'une telle apathie, est-il bien conséquent de se plaindre que toutes les dignités locales soient accumulées sur un petit nombre de têtes qui se dévouent, et de trouver mauvais que les conseils d'administration publique ressemblent un peu trop à des *Conseils de famille*[1].

Elbeuf ne possède qu'un seul établissement d'utilité publique, c'est l'hôpital, beaucoup moins digne d'être visité comme édifice qu'à cause de la manière admirable dont il est dirigé par mademoiselle *Bertaut*. Nulle part je n'ai vu plus d'ordre, plus de propreté, plus de soins, et je pourrais même dire plus d'attentions délicates envers les malades; c'est peut-être la seule maison de ce genre d'où je sois sorti sans les plaindre. Mademoiselle Bertaut, qui sait se multiplier toutes les fois qu'il s'agit d'adoucir le sort des malheureux, a créé, sous le nom de *Providence*, un autre établissement pour les orphelins des deux sexes. Elle l'a soutenu jusqu'à présent par des secours qui, bien que précaires, n'ont point trompé cependant son active sollicitude; néanmoins il serait à désirer qu'une association formée entre

---

[1] Plus empressé à louer ce qui est bien qu'à blâmer ce qui est mal, je me plais à consigner ici qu'une régénération importante, opérée dans l'administration municipale, a amené la réforme d'une partie des abus que j'ai signalés. Puisse-t-on persévérer dans cette heureuse révolution!

les dames de la ville donnât à cette institution de bienfaisance une base plus solide.

Le voisinage de la Seine, la forêt de *Lalonde*, le joli village de *Saint-Aubin*, les avenues du *Bois Landry*, rendent les environs d'Elbeuf aussi agréables que la ville l'est peu. Les noix *d'Orival* et les navets de *Martot* les recommandent aux gastronomes. Je n'ai pu voir la salle de spectacle qui était fermée, mais on m'a assuré que je ne devais pas regretter la troupe qui dessert à-la-fois à Louviers et à Évreux les autels de Thalie, qu'elle métamorphose trop souvent en tréteaux de Thespis.

Outre plusieurs voitures publiques qui correspondent avec les voitures de Paris, Elbeuf a, comme la Bouille, ses coches d'eau pour communiquer avec Rouen. Comme à la Bouille, ils sont traînés par des chevaux [1], et leur navigation est également interrompue l'hiver par les inondations, ce qui n'a pas encore donné l'idée d'établir des bateaux à vapeur dans une ville où l'on a dû se convaincre de l'excellence de ce procédé par les nombreuses machines du même genre qu'on y emploie.

Comme je n'avais point trouvé à Elbeuf la seule personne que j'y connusse, et sur laquelle je comptais pour me servir d'introducteur dans les sociétés

[1] Maintenant un bateau à vapeur fait ce trajet trois fois par semaine.

de la ville, je résolus d'aller à Rouen dans un *bateau*, dont on m'assura que *la chambre* servait souvent de *salon* à la meilleure compagnie. Je ne fus point trompé dans mon attente; une réunion de jolies femmes occupait *la chambre*, et attendaient le signal du départ en préludant aux légers travaux qui devaient charmer les ennuis du voyage. La conversation ne pouvait tarder à s'établir entre ces dames; j'eus soin de la faire tourner sur les objets dont je voulais être instruit.

Il est plus facile aux vieillards qu'on ne le croit peut-être de diriger l'esprit des femmes; elles se livrent à eux avec d'autant plus d'abandon qu'elles s'en défient moins; une des plus aimables du groupe, qui avait eu soin de nous avertir déja deux fois qu'elle ne voyageait par le bateau que parceque sa voiture s'était brisée la veille, se récria beaucoup contre l'esprit de sauvagerie et d'insociabilité qui, à l'en croire, domine à Elbeuf. « Imagineriez-vous, monsieur, me dit-elle, que l'on n'a pu réunir que dix-sept danseuses aux bals les plus complets du carnaval dernier, et que, sans le secours des grand-mères, on n'eût jamais pu ouvrir le premier. » Je sentis, en écoutant et en voyant ces dames, combien elles avaient lieu de se plaindre qu'on ne leur donnât pas d'occasions plus fréquentes de déployer leur esprit et leurs graces.

D'après toutes les petites aventures et toutes les petites particularités secrètes auxquelles elles voulurent bien m'initier, en se les communiquant à demi-voix, je jugeai aussi que ce vertueux Romain, qui demandait à son architecte une maison d'où l'on pût voir ses moindres actions dans toute la ville, n'aurait eu rien à desirer à Elbeuf. Si on ne les eût pas vues, au moins les aurait-on sues, et cela revient à-peu-près au même.

La conversation de mes compagnes de voyage réveilla aussi dans mon esprit un autre souvenir de l'antiquité. Il paraît qu'à Elbeuf, comme à Rome, les noms propres ne vont jamais seuls. Ils sont toujours précédés d'un prénom et suivis d'un surnom. Seulement ce dernier ne sert pas, comme chez les anciens dominateurs du monde, à rappeler les hautes qualités ou les actions d'éclat de ceux que l'on en gratifie; c'est précisément le contraire. Il ne faut qu'une aventure ridicule, un mot malheureux, une démarche maladroite pour être affublé ici d'un sobriquet qui devient souvent plus populaire que le nom propre.

Les spirituelles saillies, les piquants portraits qui se succédaient dans la bouche de ces dames m'ont à peine permis de remarquer les roches pittoresques d'Orival et les côteaux *d'Oissel*, couverts jadis, ainsi que les sables de *Freneuse*, de vignobles qui avaient quelque réputation. J'étais moins occupé des tableaux variés qui se succédaient sous mes yeux que des *peintures de mœurs* de mes aimables compagnes de voyage : on ne saurait les assaisonner de plus de finesse, de malice, et de gaieté, et je suis arrivé à Rouen bien convaincu que c'est dans les petites villes qu'il faut étudier l'art d'observer les grandes.

N° CLIV. [8 juillet 1823.]

ROUEN.

Patrie de Corneille !

Léon *** m'avait promis de me joindre à Rouen à l'*hôtel de France*. On m'y apprit que son arrivée à Rouen serait retardée de quelques jours, et qu'un de ses amis intimes était déja venu plusieurs fois s'informer si je n'étais pas descendu à l'hôtel.

Le garçon de service n'avait pas encore achevé de me donner ces explications qu'un jeune homme, dont la démarche et les manières n'étaient pas tout-à-fait en harmonie avec son habit bourgeois, s'avança vers moi et me remit une lettre où Léon m'exposait toutes les contrariétés qui l'empêchaient de venir *guider lui-même mes pas dans la seconde ville de France*, ou, ce qui est plus incontestable, dans la première de Normandie. Il finissait par me prier d'accepter à sa place pour *cicerone* M. Eugène R***, jeune officier de ses amis, déja vieux de gloire, heureusement échappé à toutes les épurations et à toutes les conspirations du nord, de l'est, de l'ouest et du midi, et qui était pour le moment attaché à l'état-major de la place.

« Il s'en faut beaucoup, mon vénérable ermite, me dit M. Eugène R***, lorsque j'eus achevé de lire la lettre de Léon, que vous trouviez en moi un guide aussi éclairé que dans mon ami; j'ai fort peu compulsé les vieilles chroniques de la ville de Rouen, et je ne serai guère capable de vous apprendre ce qu'elle fut. — Il m'importe beaucoup plus, lui répondis-je, que vous me mettiez à même de bien savoir ce qu'elle est. Sans négliger dans mes courses de rechercher et d'indiquer l'origine de ce qui a pu échapper aux ravages du temps, je m'attache beaucoup plus à saisir la physionomie du présent, qu'à retracer celle du passé, dont il semble d'ailleurs que l'on prenne tous les jours à tâche de nous dégoûter davantage. Ainsi, par exemple, je vous ferai grace de tous frais d'érudition sur la première chose qui occupe ordinairement tout homme appelé à écrire l'histoire d'une ville, je veux parler de l'étymologie de son nom. Ne craignez pas que je vous oblige à concilier les interprétations diverses que les savants ont données du mot *Rothomagus*. Que l'un, le faisant remonter à deux mille sept cents ans avant l'ère chrétienne, assure qu'il vient de *Magus*, fils de *Samothès*, second roi des Gaules, et contemporain de *Nemrod;* que l'autre, le composant d'un mot celte et d'un mot latin, les traduise par ceux-ci, qui sont tout-à-fait flatteurs pour les Rouennais, *réunion des sages;* ou bien qu'un troisième s'appuyant sur ces deux vers de l'hymne de Saint-Melon :

> *Extirpato Roth idolo,*
> *Fides est in lumine;*

prétende que la ville a emprunté son nom du temple élevé jadis dans ses murs au dieu *Roth;* ce sont autant de points que je regarde comme prouvés, pour m'éviter l'ennui de les contester. Il m'importe assez peu de savoir si, dès son origine, Rouen avait une forteresse sur le haut de la montagne Sainte-Catherine; si Jules César la fit raser ainsi que la ville. Je ne suis pas assez assuré que Raoul Ier duc de Normandie voulant la rendre impénétrable, l'entoura d'une haute muraille, et que la population s'étant beaucoup accrue par la suite, saint Louis qui protégeait les Rouennais fit agrandir l'enceinte de la ville et porter les murailles où elles sont maintenant.—Je sais qu'en 1090, les Rouennais se révoltèrent et chassèrent le duc Robert, qui fut obligé de se réfugier dans une abbaye; que Rouen pris par le calviniste souffrit beaucoup avant de rentrer sous la domination de Charles IX; c'est tout ce qu'il importe de savoir de son histoire ancienne. —Votre indulgence me rassure, reprit M. Eugène R**, et pour marcher droit à votre but, je vois que je puis vous proposer de suivre la méthode à laquelle j'ai recours moi-même toutes les fois que je suis jeté, par le hasard ou par ma profession, dans quelque ville nouvelle. J'agis comme si j'étais chargé d'attaquer ou de défendre la place, et mon premier soin est de chercher autour de la ville, ou dans la ville même, le point qui la commande. J'y établis aussitôt mon quartier-général; et là, grace à quelque oisif, à quelque bourgeois complaisant, je connais bientôt la distribution des divers quartiers, la direction des principales rues, la destination des édifices les plus importants, le nom de toutes les paroisses de la ville, ainsi que l'histoire de leurs patrons, et même de leurs marguilliers.

Si vous voulez agréer mes services, je vous répéterai sur le sommet de la montagne *Sainte-Catherine* la leçon que j'y ai reçue il y a quelques mois. »

J'acceptai avec reconnaissance l'offre obligeante du jeune officier, et il fut convenu que je serais à ses ordres le lendemain matin.

C'est une chose qui a été si souvent répétée, et qui est si universellement connue, que Rouen est une des villes de France les plus mal bâties, que je ne m'attendais certainement pas à y trouver des rues bien alignées; mais j'avoue que le dédale obscur et fangeux de celles à travers lesquelles Eugène m'a conduit au pied de la montagne *Sainte-Catherine*, a passé tout ce que mon imagination s'était figuré d'avance. Je suis encore à concevoir comment de pareils repaires trouvent des habitants, et comment une ville tout entière ne prend pas spontanément une résolution généreuse pour assainir ces cloaques infects, au milieu desquels l'espèce humaine s'abâtardit et dégénère, lorsqu'elle n'est pas moissonnée par des fièvres contagieuses. C'est un spectacle vraiment digne de pitié que de voir les figures pâles et hâves, les corps grêles et décharnés de la population qui remplit ce que l'on appelle à Rouen *les bas quartiers*. Je ne crois pas y avoir rencontré un homme qui atteignît la taille moyenne, et qui ne portât les traces de la misère la plus profonde, et de la malpropreté la plus dégoûtante.

« Ce n'est pas tout-à-fait sans dessein, me dit Eugène, qui avait remarqué l'impression pénible que j'éprouvais, que j'ai dirigé vos pas de ce côté. Je suis bien aise de saisir cette occasion d'appeler par votre bouche l'attention du public et de l'autorité sur cette partie de la ville, trop négligée depuis M. *de Crosne*, le seul intendant de Rouen qui paraisse s'être occupé de l'embellir. Ce digne magistrat, en même temps qu'il appelait le haut commerce à se créer des habitations mieux appropriées à son opulence dans le beau quartier auquel on a donné son nom, s'occupa de rendre sinon plus agréable, du moins plus commode et plus saine, la demeure du pauvre. Persuadé sans doute que la santé est son premier et souvent son seul trésor, il fit dessécher et exhausser les terrains marécageux qui environnaient, il n'y a pas quarante ans encore, ces tristes quartiers : c'est à lui que leurs habitants doivent l'avantage de se promener aujourd'hui à l'ombre des magnifiques platanes qui couvrent le boulevart que vous voyez à notre gauche, et ce beau *Champ-de-Mars* que nous traversons. Malheureusement son ouvrage est resté imparfait; pour l'achever, il faudrait qu'une administration bienfaisante, devançant l'ouvrage trop lent du temps, fît ouvrir à travers cet amas informe de bicoques quelques larges rues qui y répandraient en abondance l'air pur qui circule à l'entour sans pouvoir y pénétrer jamais. »

Si je n'avais pas lu dans les intéressants *Essais* que M. Noël a publiés sur le département de la Seine-Inférieure que la montagne Sainte-Catherine a trois cent quatre-vingts pieds d'élévation, je lui en aurais supposé moitié plus, d'après la peine que j'ai eue à gravir les sentiers escarpés que les pas seuls des promeneurs ont tracés sur ses flancs.

Eugène tâchait de m'étourdir sur la longueur de la route, comme madame de Maintenon dissimulait à ses convives la parcimonie de sa cuisine. A chaque halte que nous faisions, il ajoutait un trait à l'histoire ou à la description de la montagne, en sorte que j'arrivai sur le plateau qui la termine beaucoup plus instruit que je n'aurais voulu l'être.

J'avais remarqué avec plaisir, pendant que nous l'escaladions, les efforts que l'agriculture paraît faire depuis quelques années pour convertir en un sol fertile ce mont aride et craieux. Cette métamorphose sera plus difficile à opérer sur le sommet, coupé en divers sens par les fossés profonds et les ouvrages avancés dont était entourée jadis une forteresse qui servit plus souvent à attaquer qu'à défendre la ville, et qui se trouve aujourd'hui couvert par les débris d'un prieuré qui ne servait à rien.

« C'est, me dit Eugène, d'après le vœu même des habitants de Rouen que la forteresse a été rasée sous Henri IV, qui répondit à ceux qui lui faisaient cette demande: *Je ne veux d'autres remparts que le cœur de mes sujets.*

« Si Catherine de Médicis n'était pas venue dans ce même fort se repaître, au milieu de ses filles d'honneur, du triste spectacle qu'offrait Rouen assiégée par les troupes de Charles IX, et préluder contre les protestants, qui défendaient la place, aux horreurs de la Saint-Barthélemi, on pourrait dire que ce lieu n'a inspiré que de généreuses pensées, car c'est là que le duc de Guise, qui se trouvait à ce même siège, mit en action les nobles sentiments que Voltaire a si bien mis en scène depuis dans son *Alzire*. Le duc fut averti qu'un gentilhomme Manceau, secrètement attaché au parti protestant, voulait l'assassiner; il le fit venir et lui dit : « Or, je veulx montrer combien la religion que je tiens est plus doulce que celle de quoi vous faites profession. La vostre vous a conseillé de me tuer sans m'ouïr, n'ayant reçu de moi aulcune offense; et la mienne me commande que je vous pardonne, tout convaincu que vous êtes de m'avoir voulu tuer sans raison[1]. »

Eugène ne m'avait pas trompé; on embrasse d'un seul coup d'œil, du haut de la montagne Sainte-Catherine, la ville de Rouen et ses environs; mais chaque art a ses attributions, et je n'aime point à décrire ce qu'il n'appartient qu'au pinceau de retracer. Je passe donc aux détails topographiques du point de vue que j'ai sous les yeux, et je laisse parler mon guide.

« Placez-vous, me dit-il, sur ce mamelon, un des plus élevés de la montagne; le premier objet qui, dans ce vaste tableau, attire la vue, non pas par l'éclat des couleurs, mais comme une tache grisâtre répandue au milieu du plus riant paysage, c'est la ville elle-même. Elle est circonscrite par un cercle de collines qu'interrompt seulement au midi la plaine où se déploie le faubourg Saint-Sever, séparé de Rouen par la Seine, et embelli par un

---

[1] Montaigne, chap XXIII

cours magnifique dont les avenues se prolongent pendant un quart de lieue au moins le long des bords du fleuve. Un *pont de bateaux* que des écrivains ont qualifié de *Miracle de l'art*, à une époque où l'on n'était pas difficile en prodiges, est le seul lien qui unisse cette importante colonie à la métropole. De nombreuses filatures de coton, des fabriques de faïence, assurent de continuels travaux à la population de ce faubourg; elle en trouve aussi dans les fabriques de produits chimiques disséminées au milieu des landes voisines, et qu'annoncent au loin de noirs tourbillons de fumée, assez semblables à ceux qui s'élèvent des bivouacs d'une armée. Ce moulin à vent que vous remarquez à peu de distance de la rivière, et dont la forme hollandaise vous a peut-être indiqué déja la destination, sert à scier des planches. C'est à M. *Lemire* qu'appartient l'honneur d'avoir établi le seul moulin de cette espèce qu'il y ait dans le département. Plus loin, de l'autre côté du pont, s'élèvent de belles casernes de cavalerie, qui depuis quelques années ne sont occupées que par de l'infanterie.

« Si nous repassons sur l'autre rive de la Seine, le port garni d'un double rang de vaisseaux, les quais couverts de marchandises de toute espèce, et les chantiers de construction établis pour les travaux du nouveau pont en pierre, arrêteront d'abord vos regards, que je vous engage à ramener ensuite sur la partie de la ville la plus voisine de la montagne : c'est là que sont entassées ces fabriques de rouenneries, ces blanchisseries, ces imprimeries de toile, et ces ateliers de teinture, où l'on travaille sans relâche à multiplier les produits de cette industrieuse cité.

« L'humble clocher que vous apercevez tout-à-fait à vos pieds, est celui de l'église *Saint-Paul.*

« Les soldats qu'on exerce dans la cour qui précède le vaste bâtiment vis-à-vis de nous vous indiquent assez une *caserne d'infanterie;* à peu de distance sur la droite on distingue l'église, les bâtiments, et les jardins de l'*hôpital général,* plus souvent désigné à Rouen sous le nom de *Bureau.*

« Les quartiers du centre sont sur-tout consacrés au commerce de détail; parmi les édifices gothiques qui les dominent, il en est deux dont les proportions colossales fixent sur-tout les·regards. L'un, qui élance sa flèche majestueuse au-dessus du sommet de la montagne, est la cathédrale[1]; l'autre, remarquable par la délicatesse et la légèreté de la tour qui le surmonte, est l'église de *Saint-Ouen.* Plus près de nous, on entrevoit le clocher non moins

---

[1] Cette flèche qui semblait appeler la foudre, et que malgré plusieurs désastres antérieurs on avait laissée sans défense contre ses feux, en a été frappée le 15 septembre 1822, à sept heures du matin. En moins d'une heure, ce clocher colossal avait disparu.

ancien de *Saint-Maclou*, dont les artistes admirent le portail. C'est dans le quartier qui avoisine Saint-Ouen, et dans ceux de *Saint-Patrice* et de *Crosne*, situés à l'extrémité de la ville qui nous est opposée, que vivent loin du bruit et de l'agitation la noblesse, la magistrature, et le haut commerce.

« Je vous l'ai déja dit; c'est hors des murs de Rouen qu'il faut chercher ses agréments. Un des principaux, et celui qu'un étranger remarque d'abord, ce sont les jolis boulevarts qui l'entourent dans toute son étendue, le port excepté. D'ici où nous n'apercevons que la cime touffue des arbres qui les ombragent, on dirait une guirlande de verdure qui serpente autour de la ville.

« En franchissant cette enceinte, et en s'élevant jusque sur les collines qui avoisinent Rouen, on trouve des promenades encore plus riantes, et d'un aspect plus varié. Un peu sur la gauche, là tout près de nous, se présente d'abord le village de *Bon-Secours*, visité à-la-fois par les promeneurs qui viennent y chercher des *nourolles*, dignes de le disputer aux gâteaux de Nanterre, et par des pèlerins qui se rendent en foule à la chapelle de la Vierge. Ici sur la droite s'étendent les pelouses aujourd'hui nues de la *côte des Sapins* auxquelles succèdent les pavillons du *Bois-Guillaume*, les frais ombrages du *Mont-Fortin*, et le beau plateau du *Mont-aux-Malades*, où il doit être difficile de ne pas recouvrer la santé; enfin presqu'à l'horizon apparaissent le parc et les avenues majestueuses de *Canteleu.*

« Si de là votre œil descend sur l'autre rive de la Seine, vous y remarquerez au-delà du faubourg Saint-Sever, *Quevilli* où l'on prétend que les anciens ducs de Normandie avaient un parc destiné à la chasse des bêtes fauves, et en-deçà *Sotteville,* célèbre par la saveur de ses laitages, l'excellence de ses crèmes, et cher aux amis des arts par le souvenir de *Colombel,* peintre qui eut le mérite de reproduire la manière du *Poussin,* au point de faire quelquefois illusion à l'œil exercé des connaisseurs.

« J'ai parfaitement distingué dans votre revue, dis-je à Eugène, en l'interrompant, chacun des objets que vous avez indiqués à mon attention; mais j'ai peine à m'expliquer comment vous n'avez point attiré mes regards sur quelques restes des fortifications qui faisaient de Rouen, malgré sa position désavantageuse, une des places les plus formidables de France. Je pense cependant qu'en votre qualité de militaire, cette partie des antiquités de la ville n'aura point échappé à vos recherches.

« Pour avoir une idée de Rouen comme place forte, me répondit mon aimable interlocuteur, il faut relever en imagination ses anciennes murailles et ses vieux bastions, car on n'en connaît plus guère que la place. Je ne sais si vous l'avez remarqué comme moi; mais je crois que toutes ces fortifications gothiques, que nous a léguées la barbarie des vieux âges, n'ont pas d'ennemis plus redoutables que la nature et l'industrie. L'une se charge de niveler et de couvrir d'une végétation vigoureuse l'emplacement des antiques châteaux qui lui sont abandonnés dans nos campagnes, et l'autre, moins avide d'espace, s'établit dans les villes, où elle règne sur les débris et à la place de ces tours et de ces remparts sans lesquels il n'y avait point jadis de sûreté pour les villes.

« Si vous voulez que je fasse apparaître à vos yeux Rouen ancien, il faut que vous lui dérobiez un instant ses conquêtes. Commençons par les dehors de la place, et, une baguette magique à la main, remplaçons par des landes et des marais ces vastes faubourgs où s'élèvent aujourd'hui de si nombreux établissements; métamorphosons ensuite en sombres murailles, bordées de fossés profonds, le riant cordon de verdure dont les boulevarts actuels ceignent la ville; coulons à fond le pont de bateaux, et un peu plus loin, à la place où l'on apercevait naguère encore à la surface de l'eau la sommité de quelques arches, rétablissons l'ancien pont de pierres qu'avait construit Mathilde, petite-fille de Guillaume-le-Conquérant. Pour défendre la tête de ce pont, relevons la *Barbacane*, forteresse dont le nom a fait le désespoir des étymologistes, comme ses murailles avaient fait celui des assiégeants. De là reportons-nous à l'extrémité du port, près le beau cours qui conduit à l'embranchement des routes de Dieppe et du Havre, et rendons à ce quartier riant et bien aligné l'aspect triste et sombre que lui prêtait le *Vieux-Palais,* construit par Henri V, après la prise de Rouen. Maintenant unissons par des fortifications plus importantes et défendons par des travaux avancés les *trois tours* qui subsistent encore aux environs de la porte *Bouvreuil,* pour en former le *Vieux-Château*, et en ajoutant *le Palais des ducs de Normandie* qui réclame sa place au centre de la ville, un peu au-dessous de la cathédrale, nous aurons un tableau complet de Rouen comme ancienne place forte. »

N° CLV. [16 juillet 1823.]

LA MAISON DE CORNEILLE.

> Contemple avec respect le berceau d'un grand homme!
> *Poet. franç.*

Après cette évocation de la ville ancienne, nous sommes descendus doucement, Eugène et moi, dans la ville moderne. J'étais bien aise de voir de près avec plus de détail quelques uns des édifices dont je n'avais aperçu que le faîte. Nous sommes rentrés en ville, en longeant le port, qui pourra bien dans quelques siècles devenir un des plus beaux de France, mais qui dans ce moment ne présente qu'un amas de débris et une ligne sinueuse de bicoques en ruines ou de maisons d'une construction informe. On a élevé en face du pont de bateaux quelques colonnes que l'on dit destinées à servir de modèle à la façade de toutes les maisons des quais; plusieurs bâtisses nouvelles semblent indiquer déja que l'on ne tiendra pas plus à cette amélioration qu'à bien d'autres. Il y aurait pourtant de l'ingratitude de la part des

Rouennais à ne pas faire quelques sacrifices pour embellir les rives du fleuve qui apporte tant de richesses dans le sein de leur ville. — Oui, répondis-je à mon guide, attendons tout du temps et de l'avenir où nous ne serons plus...

J'ai voulu passer sur le pont de bateaux. Cette merveille qui est sortie, en 1626, du cerveau d'un moine de l'ordre de Saint-Augustin, est, m'a-t-on assuré, d'un entretien très onéreux pour la ville. Les deux extrémités de ce pont, qui monte et descend avec les eaux de la Seine, sont également dangereuses pour les voitures, par les hautes comme par les basses eaux. Les deux trotoirs qui le bordent, offrent aux piétons une promenade plus agréable ; aussi les habitants de Rouen s'y portent-ils en foule dans les belles soirées d'été. On y jouit à-la-fois de la fraîcheur qui s'élève du sein du fleuve, et de l'aspect de deux paysages charmants qui se déploient à droite et à gauche du pont.

« Maintenant, me dit Eugène, en m'entraînant dans les détours sinueux de rues étroites, je vais vous conduire devant le monument le plus honorable et le plus glorieux pour la ville de Rouen. Regardez, » continua-t-il, en me plaçant devant une maison de fort médiocre apparence, et dont le rez-de-chaussée est occupé par la boutique d'un serrurier. Je levai les yeux, et je fus effectivement saisi d'un sentiment voisin de l'adoration, en lisant sur un marbre placé au-dessus de la porte de ce modeste asile, ces seuls mots :

PIERRE CORNEILLE
EST NÉ DANS CETTE MAISON
EN 1606.

J'ai vu la chambre où retentirent les premiers vagissements de cet homme qui devait faire entendre sur la scène française de si mâles et de si nobles accents. La cheminée, les croisées, les portes, tout a été religieusement conservé. Seulement on remarque çà et là quelques légères traces des enlèvements que des pèlerins enthousiastes ont faits aux lieux qui ont vu naître Corneille. M. *Lefoyer*, qui occupe cette maison ou plutôt ce temple, se montre digne de veiller sur un aussi précieux héritage. Il a plusieurs fois résisté aux offres les plus séduisantes plutôt que de se laisser dépouiller de rien de ce qui pouvait rappeler Corneille. C'est à ses frais qu'a été placé sur la porte le buste *en plâtre* de l'auteur du Cid. A Rome, à Athènes, on lui eût élevé aux frais de l'état une statue de marbre de Paros : autres temps, autres peuples, autres statues.

Il paraît que l'on a pensé à Rouen que la gloire de Corneille n'avait pas besoin d'être consacrée par des monuments plus périssables qu'elle; aussi en chercherait-on vainement un seul dans son enceinte qui rappelât le père de la scène française. C'est une omission que j'engage les Rouennais à réparer plutôt dans l'intérêt de leur propre gloire que de celle de leur immortel compatriote.

« Pour arrêter ou pour cacher les ravages du temps, poursuivit Eugène, il a fallu recrépir l'extérieur de cette maison, ce qui lui a donné une apparence moderne qui lui ôte quelque charme à mes yeux. Je l'ai vue telle qu'elle était du temps de Corneille avec ses colombes en croix, et cet aspect de vétusté ajoutait encore quelque chose à ma vénération. »

Heureusement qu'avant d'entreprendre ces indispensables réparations, on a eu soin d'en faire faire un dessin que M. Lefoyer nous a communiqué avec la plus complaisante prévenance. Quant à l'intérieur de la maison, sur-tout à la chambre où est né Corneille, qui est située au second étage, on y retrouve encore cette empreinte du vieux temps, si propre à réveiller les souvenirs.

On prétend que c'est dans la maison voisine qu'est né *Thomas Corneille*, mais aucune inscription ne l'annonce, soit que l'on n'ait pas regardé le fait comme suffisamment prouvé, ou plus vraisemblablement que l'on n'ait pas trouvé Thomas digne de cette distinction.

Corneille est né rue de *la Pie*: l'occasion de changer ce nom ridicule était belle; on n'en a pas profité. Un marbre semblable à celui qui est placé sur la maison du père de la scène française décore celle où est né *Fontenelle*, dans la rue des *Bons-Enfants*, n° 134; on y lit également le nom de l'auteur *des Mondes*, et la date de sa naissance. »

Après avoir visité le berceau de ces deux écrivains célèbres, nous avons été chercher des souvenirs d'un autre genre sur *la place de la Pucelle;* une statue de Slodts, représentant *Jeanne-d'Arc*, est élevée à quelques pas de l'endroit où les Anglais brûlèrent la vierge de Domremi; il est bon de se souvenir que le pape Eugène IV avait approuvé sa sentence de mort. La composition et l'exécution de ce monument sont sans aucun caractère; rien ne rappelle dans l'ensemble ni dans les accessoires l'affreux événement qu'il devait consacrer. C'est sur un bûcher, envisageant son supplice avec autant de courage et de calme qu'elle bravait la mort au milieu des combats, qu'il aurait fallu représenter Jeanne-d'Arc. Il serait digne des dames de Rouen d'ouvrir une souscription pour confier l'exécution de cette idée à un ciseau plus habile que ne l'était celui de Slodts. Une fontaine jaillit du piédestal de la statue actuelle.

Rouen n'est pas très heureusement partagé en monuments publics. Rien n'est d'un style plus médiocre et d'une construction plus pauvre que les fontaines qui décorent les places du vieux et du neuf marché. Il semble qu'à Rouen comme dans presque toutes les villes qui doivent leur origine ou leurs accroissements aux peuples du Nord, l'architecture grecque ait fait de vains efforts pour s'établir. L'église de la Madeleine est peut-être ici la seule exception que l'on puisse opposer à cette remarque. En revanche, l'architecture gothique y déploie sa majesté sauvage et le luxe frivole de ses bizarres ornements. *La fontaine de la Croix-de-Pierre* est plus précieuse sous ce dernier rapport que tous les autres monuments du même genre.

J'avais déja admiré du haut de la montagne Sainte-Catherine la flèche si légère et si élevée de la cathédrale, et la tour élégante de l'église Saint-Ouen; ce n'est pas avec moins de surprise que j'ai parcouru la nef de cette dernière basilique, et que j'ai contemplé la masse imposante de la première. Les curieux s'arrêtent devant son portail, chef-d'œuvre de sculpture gothique; mais il y a dans ce travail de patience quelque chose qui lasse celle de l'observateur qui l'examine. On est presque tenté de se laisser aller à un peu de dépit en réfléchissant que l'on a prodigué tant de bras, tant de temps, tant d'industrie, et tant de richesses pour surcharger un monument d'une aussi prodigieuse quantité de détails, qui d'ailleurs sont loin d'être tous approuvés par le goût. En contemplant l'ensemble de cette façade, j'ai éprouvé aussi, et pour la millième fois peut-être en France, ce sentiment d'humeur que m'inspirent toujours les ignobles barraques dont on est dans l'usage de flanquer les murs de nos édifices publics. Quelques misérables échoppes, attachées comme une lèpre honteuse au pied des tours qui accompagnent le portail de la cathédrale de Rouen, détruisent l'effet majestueux qu'il devrait produire.

La tour qui se présente à droite, en regardant le portail de la cathédrale, est digne de fixer les regards du philosophe, à cause de son origine. Elle a été bâtie du produit des deniers qu'un archevêque de Rouen préleva sur ses ouailles pour prix de la permission qu'il avait obtenue pour eux d'Innocent VIII de manger du beurre et du lait pendant le carême. C'est de là qu'elle a pris le nom de *tour de Beurre*, qu'elle porte encore aujourd'hui, ce qui a fait dire à un voyageur anglais que c'était un monument élevé (*by the pious, or the dainty*) par des gourmands ou par des dévots. C'est dans cette même tour qu'était la fameuse cloche de *Georges d'Amboise*, à laquelle on ne pouvait comparer en Europe que celle de Moscow.

Les raretés et les merveilles de la cathédrale de Rouen n'ont pas fourni moins d'un volume *in-quarto* à un certain *D. Pommeraye*, qui s'en est fait l'historien : on sent que la nature et l'étendue de ces discours s'opposent à ce que j'en entreprenne même l'abrégé. Je conseille à ceux qui veulent connaître tout ce qu'il peut y avoir d'intéressant dans cette métropole de consulter la *Description historique* qu'en a faite M. Gilbert, et qu'a publiée M. *Frère*, libraire à Rouen; pour moi, plus occupé de l'étude du cœur humain que de celle des églises, je n'arrête ma pensée et celle de mes lecteurs que sur les monuments qui se rattachent d'une manière quelconque à l'histoire des mœurs, ou qui fournissent à l'homme quelque leçon utile. A cet égard, il en est trois dans la cathédrale de Rouen qui m'ont paru mériter d'être distingués de la foule. Le premier nous apprend jusqu'à quel point il était permis jadis aux femmes des courtisans (que je ne me permettrai pas d'appeler des courtisanes, quoique l'expression ne fût peut-être pas tout-à-fait impropre dans cette circonstance) de pousser l'impudeur et l'impudence. Je veux parler du tombeau élevé par Diane de Poitiers, duchesse de Valentinois, à la mémoire de son mari Louis de Brezé, grand sénéchal de Normandie. Ce mausolée, où la maîtresse de *Henri II* figure sous les traits d'une veuve éplorée, porte entre autres cette inscription :

Hoc, Lodoice, tibi posui, Bresææ sepulchrum,
Pictonis amisso mæsta Diana viro,
Indivulsa tibi *quondam et* fidissima *conjux,*
Ut fuit in thalamo, sic erit in tumulo.

C'est sans doute pour justifier les deux derniers vers de cette épitaphe que la *fidèle Diane* s'est fait enterrer au château d'Anet, élevé pour elle par la munificence de son royal amant. Le mausolée du duc de Brezé, que l'on attribue à Jean Cousin, est du reste très remarquable par son exécution ; on doit le compter, ainsi qu'un tableau charmant de Champagne représentant *l'Adoration des bergers*, au nombre des plus beaux ornements de la cathédrale.

Le second monument que je trouve inscrit sur mes tablettes est le tombeau du duc de Bedfort, situé à la droite du maître-autel, et qui a inspiré à Louis XI la seule pensée généreuse que l'histoire attribue à ce prince. Ses courtisans le voyant un jour regarder ce tombeau avec attention, en prirent occasion de lui dire qu'il devrait, pour l'honneur de la France, renvoyer en Angleterre les restes du duc, dont le nom rappelait des revers humiliants pour les armes françaises. « Il serait indigne, repartit le roi, de chasser après sa mort un capitaine que toutes les forces de la France n'ont pu éloigner de son vivant. » C'était honorer la mémoire de Bedford comme les Anglais avaient honoré celle de Duguesclin.

Une simple pierre tumulaire, que l'on voit sous le bas côté de la nef devant la chapelle des Saints-Innocents, a été le dernier objet de mes remarques.

Elle consacre une de ces erreurs qu'on ne peut trop souvent remettre sous les yeux des hommes appelés à prononcer sur le sort de leurs semblables ; elle couvre les restes de trois infortunés, *Jacques Turgis, Robert Talbot*, et *Charles le Brasseur*, exécutés à mort par jugement du présidial d'Andely, le 25 octobre 1625, pour un assassinat dont ils furent depuis reconnus innocents.

« La place de la cathédrale, à laquelle viennent aboutir les rues les plus fréquentées de Rouen, me dit Eugène lorsque nous sortîmes de l'église, est le point le plus animé de cette ville. Vis-à-vis de nous est la *Grande-Rue*, où vous ne trouveriez peut-être pas une maison qui ne soit une boutique. Cette tour antique qui semble la terminer renferme la cloche et l'horloge de la ville que l'on appelle à Rouen *le Gros-Horloge*. C'est une locution vicieuse qui est consacrée ici comme l'a été long-temps à la cour celle de *Gros-Madame*, en parlant de madame Clotilde.

« Tout près de la Grosse-Horloge est le palais de Justice, que nous ne pouvons pas apercevoir, mais que vous ferez bien de visiter. La salle de la cour d'assises, l'escalier qui y conduit et les divers ornements gothiques répandus sur tout l'édifice sont principalement remarquables. A votre gauche, vous voyez la rue *Grand-Pont*, qui conduit au quai, et au bas de laquelle est située la salle de spectacle;

c'est notre rue *Vivienne*, à laquelle elle ne le cède guère pour l'affluence des promeneurs et l'éclat des boutiques; enfin à notre droite est cette rue fameuse

Où le premier citron à Rouen fut confit.

C'est celle de votre hôtel, que vous serez sans doute bien aise de regagner après une aussi longue promenade. »

Je commençais en effet à en sentir le besoin, et nous suivîmes la rue *des Carmes*, où se sont établis ces confiseurs qui ont porté la renommée de Rouen jusqu'aux extrémités des deux hémisphères. J'ai mes raisons pour recommander à l'Europe gourmande les dragées, l'angélique, le sucre de pomme, et sur-tout les gelées de pomme de MM. *Bessin, Cadot-Anquetin,* et *Desmarets.*

N° CLVI. [16 JUILLET 1823.]

LE JOUR DE HALLE.

> *Proba merx facile emptorem repent.*
> PLAUT.
> La bonne marchandise trouve facilement des acheteurs.

Eugène, qui a si heureusement choisi mon observatoire pour me faire embrasser Rouen d'un seul coup d'œil, n'a pu m'en indiquer un aussi favorable pour mes aperçus moraux. Il y a cette différence entre les tableaux où l'on veut peindre les sites et ceux où l'on se propose de peindre les hommes, que, pour bien reproduire les premiers, on doit se tenir à une certaine distance de son modèle, tandis qu'on ne saurait trop se rapprocher des autres pour tracer fidèlement leur image.

C'est tout au plus si, après les cinq jours que j'ai passés ici pour attendre celui de la Halle, où l'on m'a dit que Rouen présentait l'aspect le plus caractéristique, j'osais hasarder mes observations auxquelles j'avais joint celles de mon guide; mais Eugène m'a rassuré. « Depuis le temps que je cours les garnisons, m'a-t-il dit, j'ai été à même de remarquer dans chaque ville de province deux ou trois qualités fondamentales, et autant de ridicules qui forment en quelque sorte l'apanage exclusif et héréditaire de ses habitants. Ces qualités et ces ridicules sont d'autant plus marquants qu'il y a une sorte de honte à n'avoir pas les unes, et qu'il est du bon ton d'avoir les autres. Au reste, vous aurez ici cet avantage que votre besogne sera presque réduite de moitié. Je ne prétends pas que les habitants de Rouen soient entièrement exempts des faiblesses que tous les hommes se partagent : vous pourriez m'accuser de les flatter ; mais le sérieux de leur caractère, leur vie active, et peut-être aussi le voisinage de Paris repoussent ces travers dominants qui ont plus de relief dans les villes sans industrie ou dans celles qui, plus éloignées de la capitale, retiennent davantage les traits primitifs de leur physionomie native. »

Au milieu des dîners où je me suis trouvé, et des cercles où Eugène m'a présenté, je me suis sur-tout attaché à démêler les deux ou trois qualités spéciales auxquelles il réduit les droits de chaque ville de province. La probité, l'amour du travail, l'intelligence du commerce sont celles qui se sont le plus généralement reproduites à mes yeux. En cherchant à reconnaître ces qualités principales, j'en ai rencontré beaucoup d'autres accessoires dont je ne fais pas mention, parceque je les ai trouvées plus isolées, et que, si elles font l'ornement des individus qui les possèdent, la masse n'a pas le droit de les revendiquer comme un attribut national.

A les juger d'après leur conversation, les Rouennais m'ont paru avoir plus de solidité dans le raisonnement que de brillant dans l'imagination, plus de force que de grace et de délicatesse dans l'esprit. Assez enclins à la raillerie, leurs plaisanteries sont plutôt acerbes que piquantes. Ce n'est pas avec des pointes seulement qu'ils font des épigrammes, ils en placent les traits plutôt dans les pensées que dans les mots. Il m'a paru, pour me servir d'une expression de madame de Staël, qu'en général ils s'occupent plus *du prosaïque que du poétique de la vie.* Livrés de trop bonne heure aux occupations commerciales, peut-être peut-on leur reprocher de ne pas cultiver assez long-temps par l'éducation les heureuses dispositions qu'ils ont reçues de la nature.

Sans me laisser influencer par des souvenirs historiques, j'ai cru trouver chez les Rouennais quelque chose du caractère anglais, du moins dans ses beaux côtés; ils en ont le flegme et la sagesse, et il m'a semblé reconnaître quelques traits de *John-Bull*, dans les rumeurs et les boutades du parterre: on pourrait dire en un mot qu'ils forment la transition entre la nation anglaise et la nation française.

Ce qui m'a sur-tout conduit à cette idée, c'est que les Anglais que j'ai vus a Rouen, hommes et femmes, et il y en a beaucoup, m'ont paru avoir une tournure moins étrangère et moins étrange qu'à Paris. Au reste, on aurait tort de conclure de cette espèce d'analogie, qui n'est peut-être sensible que pour l'œil d'un Parisien, qu'il y ait à Rouen le moindre engouement pour nos voisins d'outre-mer. Il est au contraire peu de villes où j'aie remarqué plus d'antipathie pour cette nation. Je conçois en effet que la vue des vainqueurs de Waterloo soit plus difficile à supporter pour le seul peuple de France qui ait fait la conquête de l'Angleterre. La rivalité commerciale est aussi l'occasion d'une haine non moins vive que celle qui naît de la politique, car ce sont encore les Normands qui ont lutté avec le plus de succès contre les fabriques anglaises ; et les produits de celles de Manchester n'ont été égalés que dans les belles vallées de *Darnetal,* de *Déville,* de *Bapaume,* et de *Malaunay.*

On trouve encore un autre trait honorable de la ressemblance que je signale dans l'esprit public qui anime généralement les Rouennais. Le système constitutionnel compterait difficilement ailleurs plus de partisans. On peut dire qu'ici les libéraux sont en très grande majorité, et l'on ne dira pas que ces libéraux sont des jacobins échappés à la révolution, car la ville de Rouen a montré la plus grande sagesse dans ces temps de vertige ; ce ne sont pas non plus des prolétaires, car il n'y a pas un de ses habitants qui ne trouve une existence assurée dans l'exercice d'une industrie utile ; ce sont donc des hommes qui ont la conscience de leur dignité, des citoyens qui ont le sentiment de leurs droits, des commerçants pour qui l'ordre est le premier garant de la conservation de leur fortune, et la liberté l'unique gage de son accroissement. C'est cette classe de citoyens que représentent MM. Cabanon, Lescigneur, Laroche, Lameth, et Girardin.

Quoique l'aristocratie soit un peu dépaysée à Rouen, elle ne laisse pas de chercher à y lever la tête. Heureusement sa division affaiblit ses forces, car l'aristocratie nobiliaire dédaigne de frayer avec l'aristocratie commerciale. C'est, si l'on m'a bien instruit, dans la rue des Arsins que la première tient ses conciliabules, et c'est rue aux Ours que la dernière a établi son comité. M. de Bouville a été le candidat de l'une, M. Duvergier de Hauranne[1],

---

[1] Le lecteur n'oubliera pas que ce discours a été écrit en 1821. Depuis cette époque, M. Duvergier de Hauranne, effrayé des immenses progrès du parti dont il avait eu le malheur d'être trop long-temps l'auxiliaire, a eu le courage trop rare de revenir sur ses pas, et par cette honorable défection, il s'est montré digne de réunir de nouveau les suffrages de ses concitoyens. Mais le même sentiment de justice qui nous porte à lui tenir compte de son retour aux principes qui peuvent seuls assurer le bonheur et la

LE JOUR DE HALLE.   171

celui de l'autre, et M. Ribard, celui de toutes deux.

Je relisais avec Eugène cet aperçu moral et politique de la ville de Rouen que je venais d'achever au moment où il entrait chez moi, lorsque je reçus d'une des femmes les plus spirituelles et les plus jolies que j'aie rencontrées dans mes courses provinciales, de madame ***, le billet suivant que je transcris littéralement.

« Mon cher Ermite,

« Pardonnez-moi si je vous *éluge*[1] ; mais je crois
« que vous avez oublié que vous devez me donner
« le bras demain pour me conduire à la Halle. Peut-
« être n'êtes-vous pas venu me voir dans la crainte
« des *potins*[2] qu'on en ferait. C'est tout-à-fait délicat
« à vous de ménager ainsi la réputation des dames ;
« néanmoins je ne vous tiens pas quitte, et je vous
« attends demain à six heures du matin ; s'il n'avait
« pas *crassiné*[3] toute la journée, j'aurais été vous
« rappeler moi-même votre engagement, ce qui
« vous eût épargné ce *landon*[4] de ma part. Mon

gloire de son pays, nous a imposé le devoir de ne point oublier ses erreurs. D'ailleurs, le moyen le plus puissant pour l'empêcher d'y retomber, c'est peut-être de les lui remettre sous les yeux.

[1] Importune.
[2] Caquets.
[3] Tombé une pluie fine.
[4] Reproche répété.

« petit Auguste tire votre perruque, quoiqu'il soit
« encore un peu souffrant ; malgré cela il n'en *forcit*[1]
« pas moins à vue d'œil. »

« Rouen, jeudi soir. »

L'adresse de ce billet sur lequel ma malicieuse correspondante avait écrit *A l'Ermite en Province, ci-devant à Bordeaux, et présentement à Rouen*, me rappela ma querelle avec les belles dames des bords de la Gironde. Je ne crains point de m'en faire une pareille avec celles de Rouen en reproduisant ici ce billet, où il est facile de voir que madame *** a pris plaisir à réunir une partie de ces expressions locales contre lesquelles on sait que l'éducation, moins puissante que l'habitude, ne prémunit pas toujours, sur-tout lorsque l'on parle aux gens qui les comprennent mieux que leurs synonymes.

Je fus aussi exact au rendez-vous que m'assignait le billet de madame ***, que si j'avais été encore d'âge à le regarder comme une faveur. Eugène était arrivé aussitôt que moi, et nous partîmes tous trois pour la Halle.

A mesure que nous approchions, la foule augmentait dans une proportion qui devint bientôt fort incommode pour une jolie femme dont le chapeau de paille d'Italie était à chaque instant froissé

---

[1] Grandir et grossir tout à-la-fois.

par quelque passant, et pour un vieillard comme moi, qui n'opposais pas toujours aux efforts des jeunes et vigoureux portefaix qui fendaient la presse une force de résistance suffisante pour maintenir les lois de l'équilibre.

« D'après un calcul que je ne crois pas exagéré, nous dit Eugène, à qui j'avais marqué mon étonnement d'une affluence qui ne me paraissait pas en relation avec la population de la ville, j'oserais affirmer que le nombre des habitants de Rouen s'accroît au moins d'un quart chaque jour de halle. Dès la veille, tout ce qu'il y a de fabricants et de marchands à vingt-cinq lieues à la ronde s'y rend en foule. Les siamoisiers du pays de Caux, les toiliers du Lieuvain, les imprimeurs en indienne de Bolbec, et les fabricants d'Yvetot apportent chacun leur tribut à la Halle dans l'espoir d'en prélever un plus avantageux sur l'acheteur. On va, on vient, on se croise, on se cherche, on s'évite, on se rapproche, et c'est le même mobile qui pousse tant de gens dans des sens si divers.

« Si votre œil, interrompit madame ***, était un peu plus familiarisé avec les costumes de cette province ou votre oreille plus accoutumée aux modulations de l'accent normand, vous reconnaîtriez à la coiffure des femmes et au langage des hommes le pays auquel chacun appartient. Cette espèce de casque pointu d'où pendent de longues barbes de mousseline et de dentelle, et sous lequel vous admiriez tout-à-l'heure cette belle tête, vous aurait annoncé une *Cauchoise;* cette petite cornette relevée avec tant d'elégance vous désignerait les jolies riveraines de la Seine; à ce bonnet rond, plat, et sans grace, vous distingueriez les femmes du Vexin, et ce ton de *Gaspard* vous décèlerait les malins et rusés Bas-Normands. »

Ces réflexions de mes deux aimables acolytes, cent fois interrompues par les obstacles que nous rencontrions à chaque pas sur notre route, nous conduisirent jusqu'aux Halles.

Les bâtiments consacrés à cet usage ne présentent pas à l'extérieur un coup d'œil fort agréable; mais, à défaut de ce mérite, ils ont, comme beaucoup d'autres grandes maisons, celui de leur antique origine. On ne connaît pas positivement l'époque de leur construction première; tout porte cependant à croire qu'elles ont été fondées par les ducs de Normandie, qui avaient à côté un palais fortifié. C'est même d'une tour de ce palais, qui a bravé l'outrage des siècles pendant plus long-temps que le reste du monument, que l'emplacement des Halles a pris le nom de *Vieille-Tour,* sous lequel il est encore désigné. Quelques personnes veulent faire honneur aux ducs de Normandie de ce rapprochement entre leur palais et les Halles. « Ces princes, me dit Eugène, étaient convaincus que le trône devait être le plus ferme appui du commerce, de même que le commerce est le plus ferme appui du trône. C'est cette pensée, si féconde en résultats, que ces mêmes ducs, devenus roi d'Angleterre, ont malheureusement pour la France fait prévaloir dans leur nouvel empire et qui a porté si haut sa puissance et sa gloire. » Si l'observation peut être contestée sous le rapport historique, elle est au moins incontestable en politique.

Les Halles bordent les trois côtés d'une place parallélogramme, dont le milieu est abandonné à des marchands ambulants. Elles se composent d'un rez-de-chaussée, où l'on remarque de vastes magasins, et d'un premier étage réservé aux autres genres de commerce. Ces Halles sont sans contredit les plus belles de France, après celles qui ont été élevées à Paris au commencement de ce siècle; mais les étrangers n'avouent pas, comme l'affirme Noël, dans ses Essais, que ce soient les plus belles de l'Europe. Un Anglais, qui a publié tout récemment des Lettres sur la Normandie, a soin de relever cette hyperbole, dans laquelle sont tombés presque tous les écrivains normands, et le plaisir d'apprendre à ses correspondants qu'elles le cèdent à celles d'Ypres et de Bruges, qui, selon lui, en ont été les modèles.

On monte à la *Halle des Rouenneries*, qui est la plus fréquentée, et celle que nous désirions sur-tout visiter, par un double escalier en pierres formant sur le reste du batiment un avant-corps et décoré de quelques colonnes tellement dégradées qu'il est difficile d'y reconnaître le ciseau de l'artiste habile à qui on les attribue. « Je ne puis gravir les marches de cet escalier, s'écria madame ***, en s'arrêtant sur la plate-forme qui le termine, sans me livrer à un bien doux souvenir; c'est ici que chaque année un malheureux était soustrait à la barbarie de nos anciennes lois criminelles en *levant la Fierte.* »

Comme je demandai à madame *** ce que c'était que *lever la Fierte,* elle m'apprit que chaque année le clergé métropolitain avait le droit, au jour de l'Ascension, de choisir dans les prisons de la ville un homme condamné à mort pour assassinat, et de le soustraire au supplice. On exigeait seulement du coupable qu'il vînt faire amende honorable, pieds nus et le cierge au poing, au haut de l'escalier de la Halle, où, pour signe de sa délivrance, il soulevait la châsse de saint Romain. C'était ce qu'on appelait *lever la Fierte.*

« On a attribué à ce privilége, reprit Eugène, différentes origines parmi lesquelles il est assez difficile de discerner la véritable : mais, comme de raison, c'est la plus absurde, ou si vous voulez la plus merveilleuse, qui a obtenu la préférence. Aussi n'y a-t-il pas à Rouen un enfant ou une vieille dévote qui ne soient en état de vous conter la miraculeuse histoire de *la Gargouille,* et qui n'y croient comme à un article de foi. Ils vous apprendront comme quoi cet énorme dragon désola les environs de Rouen du temps du grand saint Romain ; comme quoi il dévorait tous ceux qui osaient se montrer en la *forêt de Rouvray,* où il faisait sa résidence habituelle ; comme quoi le saint archevêque demanda à la justice un larron et un meurtrier pour aller combattre cet énorme serpent ; comme quoi le larron prit lâchement la fuite, et le meurtrier poussa au monstre ; et comme quoi enfin saint Romain rentra en triomphe dans Rouen en conduisant *la Gargouille* enchaînée au bout de son étole comme il aurait fait *d'un doux agnelet.* Tel est l'insigne miracle en mémoire duquel le bon Dagobert, sur la demande de son chancelier saint Ouen, successeur de saint Romain, accorda au clergé de Rouen ce privilége dont il a joui jusqu'à la révolution. »

Pendant les explications que m'avait données madame ***, il s'était formé autour d'elle un groupe assez nombreux, qui n'était pas moins empressé à la voir qu'à l'entendre. Un peu confuse de ce double succès, nous l'aidâmes à traverser la foule, et nous entrâmes dans la Halle aux Rouenneries. C'est une pièce de deux cent soixante-douze pieds de long sur cinquante de large, soutenue de distance en distance par des colonnes en pierre. Les marchandises entassées dans cette vaste enceinte en sont les seuls ornements. Sans desirer que les arts y prodiguassent un luxe qui serait déplacé, on pourrait former le vœu d'y voir briller quelques uns des attributs de l'industrie, et d'y reposer ses yeux sur les bustes des hommes qui ont rendu les plus éminents services au commerce par leurs talents, ou qui l'ont honoré par leurs vertus. C'est là que j'aurais voulu que la statue d'un *Defontenay*, qui a réuni tous les titres à cet hommage, eût trouvé un asile lorsqu'elle n'a plus été jugée digne de figurer dans le palais du sénat, devenu la chambre des pairs. Je suis convaincu que ses mânes ne se seraient point irrités de cet exil.

« En regard de la statue de cet estimable citoyen, le premier de cette ville qui ait établi une filature de coton à la mécanique, je voudrais voir, me dit à demi-voix madame ***, qui craignait de s'attirer de nouveaux auditeurs, l'image de cet autre négociant, non moins industrieux, qui le premier aussi propagea parmi nous la filature au rouet en faisant venir des cotons en laines pour en fabriquer des toiles, de ce M. *de Larue* pour qui M. de Trudaine réclamait une statue d'or, en voyant au bout d'un siècle les prodigieux résultats de cette heureuse spéculation. En effet, cet habile négociant peut être regardé comme le créateur de la branche de commerce qui a le plus puissamment contribué à la prospérité de Rouen. »

La scène est au-dedans de la halle à-peu-près la même qu'au-dehors, ce sont les mêmes personnages qui l'occupent et les mêmes passions qui les agitent; c'est le même bruit, la même agitation. Comme au théâtre, j'ai remarqué qu'on faisait là plus d'une fausse sortie, et que c'est quelquefois au moment où l'on s'en va que l'on desire le plus vivement d'être rappelé.

Après que nous eûmes pénétré avec beaucoup de peine jusqu'à l'entrée du cabinet qui renferme une machine à auner fort ingénieuse, et que j'eus acheté quelques douzaines de mouchoirs pour les comparer aux *paliacats* que j'ai rapportés des Indes, et auxquels ceux de Rouen ne me paraissent le céder en rien pour la solidité du tissu ni pour la vivacité des nuances, nous retournâmes chez madame ***, où nous attendait un déjeuner auquel elle avait invité plusieurs négociants de ses amis.

N° CLVII. [24 juillet 1823.]

LA BOURSE

ET LES TROIS VALLÉES.

> La lampe allumée par le travail ne jette pas un éclat moins utile que l'astre brillant du jour.
>
> *Poetes persans.*

« Eh bien, M. l'ermite, me dit un des convives dont la rotondité et la physionomie riante m'auraient annoncé un millionnaire, quand je n'eusse pas été instruit de son opulence, êtes-vous content de *votre jour de halle?* avez-vous pris dans votre promenade une haute idée de notre industrie? Vous n'avez pourtant vu là que la moitié de nos richesses; Rouen n'est pas seulement une ville de fabrique, c'est encore une ville de commerce.

« Je sais, lui répondis-je, qu'au temps où la France avait une marine et des colonies, Rouen portait son commerce jusqu'aux extrémités du monde; en courant les mers, j'ai plus d'une fois entendu répéter les noms d'un *Parmentier*, d'un *Jean de Béthancourt*, d'un *Paul Lucas*, d'un *Véron*, compagnon de voyage de *Bougainville*, et de quelques autres navigateurs honorablement cités dans les annales de la marine : j'ai aussi retrouvé au Canada et aux Indes le souvenir de plusieurs maisons de commerce de votre ville ; mais maintenant.... — *Quantùm mutatus ab illo !* ajouta en m'interrompant et en poussant un soupir, un grand monsieur en perruque à la Titus et à lunettes vertes, qui était à l'autre extrémité de la table. — A coup sûr, repartit en riant mon gros et joyeux interlocuteur, la direction du commerce a changé ; mais il y a toujours moyen de marcher à la fortune pour ceux qui veulent changer de route avec elle. — Vous concluez du particulier au général, répliqua le grand monsieur ; mais le tableau est loin d'être aussi séduisant que vous le prétendez, *tantùm abest !* — Avant la révolution, poursuivit le défenseur du temps présent, nous faisions le commerce des colonies ; aujourd'hui nous faisons le commerce d'entrepôt, bien plus considérable qu'autrefois, parceque l'on fabrique et parceque l'on consomme à l'intérieur beaucoup plus qu'on ne faisait jadis. Aujourd'hui, Paris, Rouen, et le Havre semblent ne former qu'une ville *dont la Seine est la grande rue* (ainsi que nous l'a dit un homme qui mettait quelquefois de grandes pensées dans ses petites phrases), et les relations qui s'ensuivent peuvent dédommager de bien d'autres. Ainsi va le monde, tout se compense. — Non pas, répondit l'homme à vue courte; depuis qu'il est permis au premier *quidam d'exercer librement son industrie*, nous n'avons plus que de l'industrie au lieu de commerce, et on en met même à la place de l'honneur et de la bonne foi : *heu ! prisca fides !* »

Je demandai à madame ***, qui m'avait prié de lui expliquer les exclamations latines du grand monsieur, s'il avait l'habitude de se montrer tous les jours aussi savant. Elle m'assura que depuis qu'il avait remporté le prix d'honneur au collége, M. *** s'était cru obligé, sans doute par reconnaissance, de parler une langue qui lui avait valu un succès sur lequel il vivait depuis quarante ans. Cette conversation nous conduisit jusqu'à l'heure de la bourse, qui fut pour tous les convives le signal du départ.

« Puisque vous avez commencé votre journal par visiter la halle, me dit le gros et aimable millionnaire, il faut, mon vénérable ermite, le consacrer tout entier au commerce. Si mes services peuvent vous être agréables, je me ferai un plaisir de vous conduire à la bourse et un honneur de vous donner ensuite à dîner à ma filature. Si vous ne parcouriez pas les riches vallées qui avoisinent Rouen, vous n'auriez qu'une idée très imparfaite de son commerce, car

Dans les murs, hors des murs, tout parle de sa gloire,

pour parler moi-même un langage qui vous soit plus familier que celui de nos ateliers et de nos comptoirs. »

L'offre de M. A*** était trop obligeante pour que je ne misse pas autant d'empressement à l'accepter qu'il mettait de bonne grace à me la faire. Nous partîmes ensemble pour la bourse, que j'avais déjà remarquée sur le quai comme tout-à-fait indigne du commerce de Rouen. Ce n'est en effet qu'un enclos entouré d'arbres, qui, entre autres inconvénients, a celui de rétrécir le quai sur un des points ordinairement le plus encombrés de marchandises, à cause du voisinage de la douane. « Il faut espérer, dis-je à mon *cicerone*, que cet enclos si mesquin disparaîtra dans les embellissements projetés pour le quai. Vous avez d'ailleurs un lieu de réunion bien plus convenable dans les belles salles de l'hôtel appelé les *Consuls,* qui n'est qu'à vingt pas de cette bourse en plein vent. — Ne vous avisez pas, me répondit M. A***, de parler ici avec tant de mépris d'un lieu qui fait les délices de toutes les classes de la société; car cette bourse, telle qu'elle est, sert à midi de promenade favorite aux bonnes d'enfants et aux convalescents, et de *petite Provence* aux honnêtes rentiers qui viennent y régler leurs montres sur un méridien de Paul Slodtz, et les affaires de l'Europe sur les rêveries de leur imagination. A trois heures, c'est le rendez-vous du commerce, et le soir celui du beau monde! »

A peine M. A*** avait-il achevé ces mots, qu'il fut entouré de courtiers, de négociants, d'acheteurs, et de vendeurs qui se succédaient autour de lui, sans qu'il me fût possible de lui adresser de plus d'une heure la moindre observation. J'imaginai alors de tirer parti de ces entretiens, tout étrangers qu'ils étaient pour moi, en notant les noms des négociants qui se trouvaient le plus souvent et le plus honorablement mêlés à la discussion des affaires. C'est ainsi que j'ai établi la liste des principales maisons de Rouen que j'offre selon l'ordre où elles m'ont été présentées par les accidents de la conversation. Au rang des plus riches et des plus honorables négociants, je retrouve sur mes tablettes les noms de MM. Lézurier, Cabanon, Lebrument, François Dupont, Rondeaux, Ribard, Quesnel, Martin, Élie Lefebvre, Caumont, Lemire, Duvergier de Hauranne, Delamare, Malfilâtre et Weltz, agent de l'assurance générale; au rang des banquiers les plus accrédités, MM. Alexandre, Rouland, Quévremont ; et parmi les filateurs et les fabricants, outre plusieurs noms qui figurent déja au nombre des négociants, ceux de MM. Barbet, Adeline, Desmarets, Gabory, Arnould-Tison, B. Pavie, veuve Long, Angrand, Nicole, Talon, et Théodore Legrand.

M. A***, à qui je montrai ma liste lorsqu'il put enfin m'entendre, trouva que si le hasard n'avait pas fait sortir de l'urne tous les noms qui pouvaient mériter une citation honorable, au moins il m'avait assez bien servi pour qu'il n'y en eût aucun à retrancher. « Mais il ne faut pas croire pour cela, ajouta-t-il, que votre tâche soit entièrement achevée; car, comme il entre beaucoup moins dans vos vues de faire un *Almanach de commerce* que la peinture de nos mœurs, vous seriez désespéré de laisser échapper à vos crayons quelques originaux que vous ne trouveriez peut-être pas ailleurs. — Sans doute, répondis-je; mais il faut pour cela que vous ayez la complaisance de diriger ma lorgnette sur ceux qui ont quelques droits à entrer dans ma galerie. » Pour toute réponse, M. A*** m'entraîna vers une des extrémités de la bourse, où nous nous assîmes sur un banc, de manière à tout voir sans paraître regarder.

Le premier personnage qu'il signala à mon attention fut un homme qui, doué d'un bon sens moins susceptible que M. Ternaux, ne voit pas de contradiction à ce qu'un ministre présente le matin à la signature une ordonnance qui crée un manufacturier *baron*, tandis que le soir il contresigne des lettres de relief pour tranquilliser la conscience d'un hobereau, convaincu que son père a dérogé en se livrant au commerce. « Pour tout concilier, me dit

M. A***, notre noble négociant a fait placer ses armoiries sur ses nombreuses manufactures. Elles apparaissent au loin entre deux lions qui ont l'air de rugir de rage d'occuper un poste aussi roturier. »

Pendant que M. A*** me faisait cette réflexion à voix basse, il fut salué par un homme mis avec assez de recherche, qui paraissait se promener à la bourse beaucoup plus pour se montrer que pour s'occuper d'affaires. « Celui-là, poursuivit mon interlocuteur, est un galant homme qui n'a eu d'autre ridicule dans sa vie que celui de croire que deux pouces de ruban rouge valaient la peine que l'on consumât ses jours à courir après; il les a enfin obtenus. Depuis ce moment il est impossible de le rencontrer chez lui; on ne peut plus lui parler que dans la rue, aux promenades, à l'église ou au spectacle. Plus vigilant qu'aucun officier de la garnison, il n'y a pas un poste dans la ville que cet honnête bourgeois ne visite deux fois le matin et autant de fois l'après-midi. Il devrait rentrer chez lui par la porte *Grand-Pont;* mais vous voyez qu'il gagne l'autre extrémité du quai pour passer devant les bureaux du receveur général, où il y a une sentinelle qui lui portera les armes; de là il se dirigera sur la préfecture où il y en a deux, pour se rendre ensuite sur les boulevarts devant l'hôtel du commandant de la division où il y en a trois.

« Vive un original comme celui-ci, me dit M. A***,

en me présentant un jeune homme, dont l'œil vif, le teint un peu basané, et la volubilité des gestes et du langage semblaient annoncer une origine plutôt méridionale que normande; il ne perd pas son temps à courir après des signes distinctifs: l'exagération de son opinion n'a jamais terni l'éclat de ses aimables qualités. Il ne compte pas un ennemi; il recherche tous ceux qui s'amusent, et amuse tous ceux qui le recherchent. Vous voyez dans la personne de M. B*** le *Fitz-James*, *l'Olivier*, et le *Carle Vernet* de notre ville. Ses talents ne seraient pas indignes de la capitale; ce serait un homme fort précieux pour un candidat à la Chambre où à l'Académie, car il a plus d'une voix à sa disposition; pour un auteur, car il escamoterai, je crois, jusqu'à un succès; et pour un peintre de mœurs comme vous, car il peut vous fournir une collection complète de portraits caricatures d'après lesquels on devine à fond les caractères de ceux qu'il a crayonnés.—Je suis à même de vous en montrer en ce moment quelques nouveaux, nous dit M. B*** en me présentant son album, qu'il avait sous le bras.

« Je n'arrêterai pas vos regards, poursuivit-il, sur ce croquis représentant *un coin du jardin de Saint-Ouen*. Une mère qui n'y voit goutte, une fille qui n'y voit que trop, un jeune homme qui détache un petit billet qui était assujetti à l'aide d'une épingle sous la chaise que la demoiselle occupait il n'y a qu'un instant, tout cela forme une scène répétée si souvent et dans tant d'endroits, que l'on n'y fait plus attention. J'aime mieux vous montrer *une loge du théâtre des Arts*. Reconnaissez ou apprenez à connaître dans ce vieillard voûté par les années un homme à qui la passion des beaux-arts a conservé encore toute la fraîcheur de l'imagination et toutes les illusions de la jeunesse. Je l'ai esquissé pendant une représentation de la *Vestale*, et fini à celle de l'*Impressario in angustie*. Le voyez-vous debout sur le devant de la loge, marquant la mesure plus exactement parfois que le chef d'orchestre ! Tous les sentiments exprimés dans la partition se reproduisent avec une merveilleuse fidélité sur sa physionomie [1].

« — Vous n'avez peut-être jamais trouvé dans le cours de vos observations, M. l'ermite, continua M. B*** en tournant le feuillet, un exemple aussi frappant que celui que je vais vous présenter du

---

[1] Nous apprenons avec peine que la mort a frappé l'original de ce portrait dans lequel les habitués du théâtre auront sans doute reconnu M. le président de Saint-Victor. La longue carrière et une partie de la fortune de ce magistrat furent consacrées à former un très beau cabinet d'antiquités et de tableaux. L'académie de Rouen l'avait compté au nombre de ses membres, et doit avoir conservé dans ses archives plusieurs des notices échappées à sa plume. On lui doit aussi une brochure pleine d'esprit et d'enthousiasme sur *la Vestale*, qu'il publia à Rouen lors des premières représentations de cet opéra

degré d'aberration auquel un homme d'un esprit, naturellement juste et droit, peut être entraîné par une idée fausse, sur-tout lorsqu'elle prend dans sa tête le caractère d'une idée fixe. Eh bien! arrêtez un instant vos regards sur cet individu qui commande à droite à un escadron de hussards de remuer et d'agiter en tout sens ces petits monticules de fumier, tandis qu'à gauche il dirige le vent de douze gros soufflets de forge qui sont braqués contre les nues; et dites-moi si, pour un homme sensé, ce n'est pas le comble de la folie de s'imaginer faire la pluie avec les émanations du fumier de la garnison, et le beau temps avec des soufflets.

« *Pierre qui roule n'amasse pas mousse*, dit un vieux proverbe; c'est cependant en commençant par rouler que le héros de cette scène a trouvé le moyen d'en entasser une assez belle quantité : mais, dominé par les habitudes de son premier état, il n'a rien changé de son ancienne manière d'être. Encore plus philosophe que ce berger devenu ministre qui avait soigneusement conservé sa panetière et sa houlette, M*** n'a point voulu dépouiller le costume avec lequel il a trouvé le chemin de la fortune; ce croquis ne représente rien autre chose qu'une de ses manières économiques de voyager. Vous le voyez dans une des voitures de la Conciergerie, qu'il a eu le bonheur de rencontrer revenant à vide d'une ville voisine. Il n'a pas fait la moindre difficulté d'y monter, derrière l'huissier, à la place des prévenus, qu'il ne faut jamais confondre avec les coupables, ainsi qu'il a soin de l'ajouter, en racontant lui-même cette anecdote. »

Nous nous séparâmes de M. B***, après avoir épuisé son album auquel j'aurais pu emprunter encore plusieurs autres images grotesques, si ma plume était aussi flexible que son crayon est malin et fécond; et nous partîmes pour la filature de M. A***.

Je n'avais pas encore d'idée du spectacle qui s'offrit à mes yeux pendant le trajet que nous eûmes à faire pour arriver jusqu'à ***. Je doute qu'aucun autre pays puisse présenter rien de plus pompeux et de plus varié que les magnifiques vallées de *Déville*, de *Bapaume* et de *Malaunay* que nous traversâmes. La nature semble avoir pris plaisir à y réunir toutes ses richesses à celles de l'industrie. Les usines, toutes de la construction la plus moderne, se dessinent au bord des eaux sur d'immenses tapis de verdure couronnés à l'horizon par des hauteurs bien boisées. Les chants des ouvriers, le bruit des chutes, et les nombreux troupeaux répandus dans ces gras pâturages, prêtent au tableau je ne sais quoi d'animé et de riant que l'on chercherait inutilement ailleurs.

Nous arrivâmes enfin chez M. A***, où se trouvaient déjà madame***, Eugène, et, entre beaucoup d'au-

tres convives, quelques uns de ceux du déjeuner;
l'homme aux citations n'avait point été oublié, et
je ne tardai pas à m'en apercevoir, car, du plus
loin qu'il m'aperçut, il s'écria :

> *O fortunatos nimiùm sua si bona norint*
> *Agricolas!*

J'ai voulu parcourir avant le dîner la belle filature de M. A***, où j'ai remarqué une recherche de
propreté digne des salons de la Chaussée-d'Antin;
mais ce qui vaut encore mieux et ce que j'ai distingué à travers le peu de mots que M. A*** adressait à
chacun, c'est qu'il est plutôt le père que le maître
de ses ouvriers, et que l'indigent laborieux n'a jamais inutilement réclamé sa bienfaisance.

Je croyais le cours de mes observations terminé
pour cette journée, et je pensais qu'il ne me resterait
plus d'autres remarques à faire que celles que pouvaient m'inspirer la bienveillance et l'amabilité des
convives: mais le soir ces mêmes vallées qui m'a-
vaient offert un si bel aspect en plein jour me présentèrent, en retournant à Rouen, un spectacle encore plus magique; rien n'est en effet plus propre
à donner une idée des pompes de la féerie. Toutes
ces fabriques, toutes ces filatures percées de mille
fenêtres, éclairées de mille feux, reproduits encore
dans le cristal tremblant des eaux, semblent autant
de palais enchantés. Ici l'édifice est terminé par un

dôme étincelant; là un triangle lumineux se dessine dans les frontons: par-tout il y a de la grace et de la légèreté dans les formes. Nous regagnâmes la ville à la clarté de cette illumination plus riche et plus utile qu'aucune de celles que la magnificence des rois prépare à si grands frais; et j'entrai à l'hôtel tout préoccupé des brillantes rêveries du Tasse et de l'Arioste, que j'avais cru voir un instant réalisées.

N° CLVIII. [1ᵉʳ AOUT 1823.]

LES MORTS ET LES VIVANTS.

Apparent rari nantes in gurgite vasto.
Virg., *Énéide.*

Quelques noms seulement surnagent sur l'abyme.

Il est naturel de donner le pas aux poètes dramatiques en passant en revue les talents littéraires d'une ville qui a vu naître Corneille. Cependant, en s'astreignant à l'ordre des temps, ce n'est pas le père du théâtre français qui se présente le premier sur le Parnasse normand. Il eut plusieurs prédécesseurs qui essayèrent de tracer un pénible sentier là où son génie devait ouvrir une vaste et noble carrière : dans ce nombre il faut ranger *Duhamel*, avocat, et auteur *d'Acoubao* et *de Sichem le ravisseur*; *Filleul*, qui composa pour Catherine de Médicis un *Achille* et une *Lucrèce*, qui ont passé comme sa comédie des *Ombres*, quoique pour son temps ses vers ne fussent pas dépourvus d'élégance et de grace; et enfin *Dehays*, qui a publié en 1590 une tragédie en sept actes, intitulée *Cammate*.

Le nom de *Corneille* doit être cité sans commentaire. Boileau a rendu inutiles tous ceux que l'on pourrait faire sur *Pradon*. En vain essaierait-on de relever un peu sa mémoire du ridicule dont elle est empreinte, et de réclamer au moins en faveur de quelques fragments de ses tragédies moins indignes, que le reste, du siècle où il écrivait. *Baragué*, auteur d'une seule comédie, *Aphos*, qui décèle les germes d'un talent qu'il n'eut pas le temps de développer; *Boizard de Ponthieu*, collaborateur de Pannard, Piron, et Favart; *Fatouville*, conseiller au parlement, qui donna quelques pièces au théâtre Italien; et *Framery*, auteur de plusieurs opéras comiques, et un des plus ardents propagateurs de la musique italienne, complètent le nombre des hommes de lettres qui ont travaillé pour la scène.

Parmi les noms qu'Eugène a marqués d'un crayon favorable, je citerai, sans prétendre ne confondre ni les temps, ni les genres, *Bochard*, une des lumières de l'église réformée; les trois *Basnages*, qui ont offert l'exemple toujours rare de deux générations d'hommes à talent. Basnages père se fit une réputation contemporaine par ses plaidoyers, et s'en assura une plus durable dans la postérité, par son *Commentaire sur la coutume de Normandie*. Jacques Basnages fut choisi par ses coreligionnaires pour répondre à *l'Histoire des Variations* de Bossuet, et Henri Basnages n'est pas moins célèbre par son *Histoire sur les ouvrages des savants* que par son *Traité sur la tolérance des religions*, où il a le premier établi ce principe que *l'Église doit être dans l'état*.

Après ces illustres hérétiques, je rencontre dans le sein de l'Église catholique, apostolique, et romaine, *Daniel*, un de ces compilateurs des annales françaises, qui ont préparé des matériaux précieux pour l'écrivain supérieur qui voudra un jour en tracer l'histoire.

Berruyer, qui, entraîné par le merveilleux du sujet, n'a pu se défendre de donner les couleurs du roman au style de son *Histoire du peuple de Dieu*.

Letourneux, prédicateur moins connu aujourd'hui par les couronnes qu'il remporta à l'académie française, que par la réponse de Boileau, à qui Louis XIV demandait ce qu'il pensait de ses sermons. « Avant que ce prédicateur entre en chaire, dit-il, sur sa mine, on ne voudrait pas qu'il y entrât, et quand il y est on ne voudrait pas qu'il en sortît. »

Maubert, auteur du *Testament du cardinal Albéroni*; le seul des ouvrages de ce genre qui soit sous quelques rapports digne du testateur.

Petit, ami de Corneille, éditeur de ses œuvres, et auteur de poésies légères où l'on retrouve quelquefois l'élégance et la naïveté de Marot.

Cideville, ami de Voltaire, qui a dit de lui avec plus d'enthousiasme que de vérité: *C'est un Pol-*

lion en poésie, et un Pilade en amitié. Les vers de ce *Pollion* sont à-peu-près inconnus, et ce *Pilade* eut la faiblesse, vers la fin de sa vie, d'interrompre une correspondance qu'il entretenait depuis cinquante ans avec le patriarche de Ferney.

Legendre, auteur d'une *Histoire des mœurs et coutumes des Français*, où Le Grand d'Aussy a puisé celle qu'il a donnée de leur *vie privée*.

L'abbé *Baguenet*, à qui l'on doit l'*Histoire de Turenne*, et qui dut à sa *Description des monuments de Rome* le titre de citoyen romain.

Sanadon, traducteur d'Horace, et *Brumoi*, traducteur du théâtre des Grecs.

Néel, auteur de ce badinage agréable, mais un peu long, si connu sous le titre de *Voyage de Paris à Saint-Cloud par terre et par mer*.

Godescard, patient traducteur de la *Vie des saints d'Alban Buller*, en douze volumes in-8°

Les abbés *Yart* et *Duresnel*, qui dirigèrent leurs travaux vers l'étude de la littérature anglaise, et qui ont essayé d'en répandre le goût en France, le premier, en publiant sous le titre d'*Idée de la poésie anglaise* la traduction en prose des meilleurs morceaux des poètes connus dans cette langue, et le second, la traduction en vers des deux fameux *Essais de Pope*.

Duboulay, enlevé trop tôt aux lettres ; il n'eut pas le temps d'achever une *Histoire de Normandie*, dont on était en droit de concevoir d'heureuses espérances d'après les opuscules en vers et en prose qu'on connaît de lui.

Durdent, auteur de quelques ouvrages d'éducation et de plusieurs romans, parmi lesquels on a remarqué *Adriana,* ou *les Passions d'une Italienne.*

Rouen a donné aussi plusieurs membres aux sociétés savantes de Paris :

A l'académie française, les deux *Corneille,* leur neveu *Fontenelle,* et *Pierre Bardin,* dont le nom, aujourd'hui un peu obscur, prouve qu'un fauteuil académique et une bonne action ne suffisent pas toujours pour tirer un honnête homme de l'oubli ; car Bardin siégea au nombre des quarante, et périt en voulant sauver des flots un jeune homme dont il avait été le précepteur. Que sera-ce donc de l'immortalité de ceux d'entre les quarante, qui n'ont que la moitié des titres de Bardin !

A l'académie des sciences, Rouen compte encore le même *Fontenelle,* qui était bon à montrer partout.

A l'académie des inscriptions et belles-lettres, le savant jurisconsulte *Houard; Goulay,* qui a publié une *Histoire des poètes italiens,* et une *Histoire des instruments à vent.* On ne sait si ce fut le hasard qui le porta à traiter ces deux sujets, ou s'il fut conduit de l'un à l'autre par quelque analogie particulière, quelque rapport secret qu'il avait trouvé entre eux.

Guéroult, un des membres les plus distingués de l'université actuelle, auteur d'une traduction de *Morceaux choisis de Pline l'Ancien*, où il s'est montré à-la-fois excellent humaniste, homme de goût, et bon écrivain.

C'est sans doute pour expier l'honneur d'avoir été le berceau de l'auteur du *Cid*, que Rouen a donné le jour à *Carel de Sainte-Garde*,

> « . . . . Ce poete ignorant
> « Qui de tant de héros va choisir CHILDEBRAND, »

pour en faire le sujet d'un poème divisé en seize livres contenant chacun dix à douze chants ;

A *Saint-Amand*, ce fou qui, peignant

> « L'Hébreu, sauvé du joug de ses injustes maîtres,
> « Met pour les voir passer les poissons aux fenêtres. »

Je féliciterai encore moins cette ville de compter parmi les hommes célèbres que lui donne M. Guilbert: un *Guendeville*, auteur d'une *Critique générale de Télémaque;* un *Desfontaines*, Zoïle du plus beau génie des temps modernes; et un L***, folliculaire, qui, après avoir marché au 10 août contre le château des Tuileries, passa depuis sous une autre bannière.

Ce n'est pas dans une ville où toute la population est vouée à l'exercice des professions industrielles qu'il faut tenir à l'écart ces savants qui, du fond de leur cabinet, préparent de nouveaux travaux à l'artisan et des moyens de fortune sûrs et rapides au fabricant qui sait les mettre en œuvre. Au nombre des hommes qui se sont occupés sur-tout de l'application des sciences et des arts à l'industrie, Rouen s'estime principalement heureux d'avoir vu naître :

Lemery; le premier, en France, il débarrassa la chimie du grimoire et des formes cabalistiques dont l'avaient enveloppée des gens qui tremblaient peut-être devant les merveilles d'une science qu'ils ne comprenaient pas.

Forfait, ministre de la marine, qui s'est attaché sur-tout à perfectionner la construction des vaisseaux, et qui, après avoir constamment rempli des emplois supérieurs, n'a laissé d'autre bien à ses enfants qu'une réputation intacte.

Delafontaine, qui a dirigé sur-tout ses travaux vers la filature du coton, et qui, s'il n'eût pas été moissonné au milieu de sa carrière, aurait probablement enrichi les arts d'une industrieuse machine à filer le lin.

Delafolie; il a découvert le moyen de teindre en jaune avec la gaude, et celui de fixer le rouge des Indes sur le fil. Il s'est en même temps montré écrivain ingénieux dans un petit ouvrage allégorique intitulé *le Philosophe sans prétentions.*

Dambourney; il s'occupa sur-tout de rechercher

les *principes de teinture solide que les végétaux indigènes pouvaient communiquer aux laines*, et enseigna le premier à extraire un beau bleu du *pastel.*

Édouard Adam, à qui les distillateurs du midi auraient dû élever une statue au lieu de lui contester sa gloire; heureusement que, pour la constater, M. Chaptal a dit *qu'il y avait peu d'époques plus brillantes dans l'histoire des arts* que celle qui a été marquée par les travaux de ce célèbre chimiste.

Un homme qui consacra sa vie à l'étude des lois qui assurent et protègent les transactions commerciales, M. *Riaux*, éditeur d'un *Recueil consulaire*, et auteur d'un *Projet d'ordonnance pour le commerce*, a droit aussi à la reconnaissance des habitants de Rouen : son *Projet d'ordonnance*, qui lui avait été demandé par le ministère de 1777, n'a point été imprimé; mais le manuscrit en a été mis, à ce qu'on assure, au rang des matériaux qui ont été consultés avec le plus de fruit pour la rédaction du *Code de commerce.*

Je m'aperçois que, pour me conformer aux règles de la galanterie, j'aurais dû parler beaucoup plus tôt des femmes qui se sont livrées avec quelque succès à l'étude des beaux-arts; et Rouen en compte un assez grand nombre. A leur tête se présentent, dans l'ordre chronologique, encore un membre de la famille Corneille, cette demoiselle *Bernard*, couronnée trois fois à l'Académie française, et auteur des tragédies de *Brutus* et de *Laodamie*, et dans l'ordre des talents, madame *Dubocage*, au bas du portrait de laquelle ses contemporains ont écrit, *formâ Venus, arte Minerva*. Si l'on trouve que *les Amazones*, *le Paradis perdu* et *la Colombiade* ne méritent peut-être pas tout-à-fait la seconde partie de ce compliment, le buste de madame Dubocage, placé dans le musée de Rouen, et qui le fut de son vivant dans celui de Londres, justifie entièrement la première.

Mademoiselle *Louise Lévêque*, auteur de quelques romans; mademoiselle *Dourxigné*, traducteur d'un ouvrage anglais sur les *anciennes républiques*, et madame *Leprince de Beaumont*, qui a acquis tant de droits à la reconnaissance des enfants par ses nombreux ouvrages d'éducation, ferment la liste nécrologique des femmes qui se sont distinguées par leur esprit.

Mademoiselle *Desmares*, petite-fille d'un président au parlement de Normandie, et si célèbre sous le nom de *la Champmélé*, a vu aussi le jour à Rouen. Cette ville, qui avait donné à Racine un rival tel que Pradon, lui devait bien en dédommagement le plus digne interprète, après mademoiselle Duchesnois, qu'aient encore trouvé ses beaux vers.

C'est au musée établi dans les bâtiments de l'ancienne abbaye de Saint-Ouen, et en présence des tableaux qui ont contribué à leur renommée, que j'ai recueilli les noms des *Jouvenet*, dont nous n'admirons peut-être pas assez à Paris la belle coupole des Invalides; des *Restout*, des *Lahire*, des *Letellier*, des *Deshays*, des *Sacquepée*, des *Houel* et des *Lemonnier*, comme ceux des peintres qui ont le plus honoré leur patrie. J'ai été surpris de ne pas rencontrer dans cette galerie quelques productions d'un artiste que Rouen a également vu naître, de M. *Ronmy*, paysagiste distingué, et un des peintres qui ont concouru avec le plus de succès à l'exécution des beaux panorama de M. Prevost.

Outre les productions de ces artistes nationaux, le musée de Rouen en offre beaucoup d'autres encore de différentes écoles. Les amateurs remarquent particulièrement un *Ecce Homo* de Mignard; une copie de *la Sainte-Famille* de Raphaël, par le même; un *Saint-François* d'Annibal Carache, et un des trois ou quatre originaux de *la Madone de Sansesto* de Raphaël. On y a aussi exposé depuis peu un *OEdipe* dû au pinceau de M. *Rouget*, un des élèves les plus distingués de ce célèbre *David*, destiné à gémir sous le poids du terrible *jamais*. Une des salles, voisines du musée, renferme un tableau de M. *Tardieu*, peintre qui a fait en quelque sorte de Rouen sa patrie adoptive; cette production m'a paru sur-tout remarquable par une composition ingénieuse et par le dessin le plus pur. Le tableau de *la Samaritaine*, dont le même artiste a décoré une des salles de l'Archevêché, m'a fourni la même observation.

La conservation du musée est confiée aux soins de M. *Descamps* : c'est un héritage de famille; M. Descamps père avait présidé à sa fondation. Le même artiste, secondé par M. de Cideville, qui l'avait engagé à se fixer à Rouen, créa aussi dans cette ville une ecole de *dessin*, de *peinture*, de *sculpture* et d'*architecture*, qui mérita bientôt le surnom d'*École normande*. C'est de cette école que sont sortis *Bellangé*, *Lebarbier*, *Houel*, *Lemoine*, *Lavallée-Poussin*, tous peintres distingués; *Gueroult* et *Lebrument*, architectes, qui, sur un plus grand théâtre, auraient acquis encore plus de réputation, et les graveurs *Lemire*, *Godfroy*, *Leveau* et *Jeuffroy*.

En sortant du musée, je passai dans la bibliothèque qui est à côté. Elle a été formée, m'a-t-on dit, des débris de toutes les bibliothèques conventuelles, disséminées jadis dans le département. Aussi les soixante-dix mille volumes qui la composent sont-ils pour la plupart des livres de théologie et de controverse. Les mille écus, assignés pour ses acquisitions annuelles, sont loin de suffire pour la mettre au niveau des connaissances modernes, et pour la faire participer aux nouvelles merveilles de la typographie. Pour peu que les élections des grands colléges envoient chaque année dans la Chambre quelques nouveaux *Omars*, disposés à diminuer cette modique somme, la bibliothèque de Rouen ne sera jamais autre chose que la bibliothèque de l'abbaye de Saint-Ouen.

« On a réalisé ici, me dit Eugène, qui m'avait accompagné dans mes excursions scientifiques, ce que l'on a voulu faire au Louvre sur une plus vaste échelle. Cette abbaye est devenue le palais des arts, sauf ce qu'il a fallu réserver aux bureaux de la mairie, que l'on a, comme de raison, établis au premier; le second étage est, comme vous l'avez vu, occupé par le musée et la bibliothèque : voici maintenant au rez-de-chaussée la salle d'assemblée de toutes nos académies et sociétés savantes; vous remarquerez qu'elle est en face du bureau des passe-ports, qu'il est toujours bon de connaître lorsqu'on voyage.

« Rouen ne compte pas moins de quatre sociétés savantes : *l'Académie des sciences, de belles-lettres, et des arts, la Société libre d'émulation, la Commission des antiquités,* et *la Société d'agriculture.*

« *L'Académie des sciences, des belles-lettres, et des arts,* fut fondée, selon les uns, par M. le duc de Luxembourg, alors gouverneur de Normandie; selon les autres, par M. de Cideville, qui en fit l'ouverture en qualité de président. Il est possible que, devançant l'arrêt du comte Almaviva, le grand seigneur ait prêté à cette association littéraire l'appui de son nom, et l'homme de lettres, celui de son talent.

« Vous avez accueilli avec une légèreté qui commence à n'être plus pardonnable à votre âge, mon cher ermite, le reproche que quelques mauvais plaisants ont fait à l'académie de Rouen d'avoir des jetons avec trois fautes d'orthographe. Il faut avouer que si le fait était vrai l'académie aurait joué de malheur, car il n'y a que trois mots sur l'exergue de ses jetons. Autour du temple des Muses, sur la façade duquel on aperçoit trois portes, on lit sans fautes d'orthographe : *Tria limina pandit.* Avec plus de bienveillance, on aurait pu voir, dans cet emblème, et dans cette devise de l'académie de Rouen, l'idée première de cet Institut qui fit tomber les barrières que la routine et l'esprit systématique avaient élevées entre les sciences, les lettres, et les arts, et qui réunit dans le même sanctuaire les muses que les anciens avaient fait sœurs, et que les modernes avaient cru devoir diviser en plusieurs familles. Cette présomption acquiert même la force de la certitude lorsque l'on songe que Fontenelle travailla aux statuts de l'académie de Rouen, et que M. de Cideville n'agissait et ne pensait en quelque sorte que sous l'influence de Voltaire. Ce n'est pas en interprétant les pensées de pareils hommes que l'on peut craindre d'être accusé de chercher à y mettre plus d'esprit qu'eux-mêmes. Grace à son institution, l'académie de Rouen peut ouvrir son sein à tous les talents de quelque genre qu'ils soient. Aussi la liste de ses membres est-elle le meilleur guide que vous puissiez prendre pour connaître les hommes de mérite dont cette ville s'honore.

« Vous y verrez briller au premier rang M. *Vitalis*, chimiste distingué, secrétaire de l'académie pour les sciences, à qui ses jolies fables auraient donné droit d'occuper en même temps le secrétariat des belles-lettres, si cette place n'était pas remplie de manière à ne rien laisser à desirer par M. *Bignon*, homonyme et en même temps collègue au collège de Rouen de cet autre M. Bignon, qui y fut aussi professeur, mais qui depuis a pris un vol plus élevé.

« M. *Charles Botta*, recteur de l'académie universitaire, lequel, pour sanctionner par un nouveau succès la réputation que lui a faite son *Histoire de l'indépendance américaine*, met ici la dernière main à celle des *révolutions d'Italie*.

« M. *Marquis*, professeur de botanique, en qui l'on aime à trouver à-la-fois le savant et l'homme de goût.

« M. l'abbé *Leturquier de Longchamp*, qui a voué sa vie à l'étude de la même science, et qui a publié une *Flore des environs de Rouen*, et une *Concordance* des différents systèmes de botanique également estimée des hommes de l'art.

« M. *Lamauve,* récemment enlevé aux nombreux malades qui plaçaient en lui leur espérance, et qui jeune encore n'a pu détourner de dessus sa tête les coups de la mort dont il a si souvent préservé les autres.

« M. *Boulanger*, qui soutient dignement le nom honorable que son père s'est fait dans la magistrature.

« MM. *Til* et *Malherbes*, honneur du barreau de Rouen, dont Touret et Ducastel ont rendu l'éclat difficile à soutenir. M. Malherbes jouit comme jurisconsulte d'une réputation à laquelle on ne parvient pas ordinairement de si bonne heure. De tous les avocats que j'ai entendus, M. Til est à mon gré un de ceux qui réunissent le plus des qualités diverses qui constituent l'orateur.

« Parmi ceux de nos académiciens pour qui l'étude des lettres est un doux loisir, vous distinguerez M. *Théodore Licquet,* bibliothécaire, qui, après avoir essayé sur le théâtre de Rouen quelques tragédies imitées de Métastase, prendra bientôt son rang dans la littérature par une tragédie de *Don Carlos*, reçue au second théâtre Français.

« M. *Guttinguer*, dont les romances sont sur tous les piano, et dont le roman de *Nadir* est entre les mains de toutes nos jolies femmes [1]. MM. *Duputel* et

[1] M Guttinger vient d'ajouter à ses titres par la publication d'un nouveau recueil de poésies.

Filleul des Guerrots, qui ont abrégé souvent les séances académiques, l'un par ses poésies légères, et l'autre par ses fables; et M. *Dornay*, vétéran de l'académie, qui, par son grand âge, rappelle Fontenelle, et quelquefois Chaulieu par l'abandon et la négligence de ses vers.

« *La Commission des antiquités*, pour être d'institution récente, n'en a ni moins d'utilité, ni moins d'éclat. Il n'est aucun de ses membres, dont le nombre est peut-être un peu trop restreint, qui ne mérite une citation particulière. J'ajouterai aux noms de ceux que j'ai eu l'occasion de mentionner à d'autres titres : M. *Rondeaux*, dans lequel on aime à voir des connaissances scientifiques jointes à une haute capacité commerciale; M. *de La Querière*, à qui l'ouvrage plein de recherches qu'il prépare sur les plus anciennes maisons de Rouen doit faire un nom, si sa modestie lui permet de placer le sien à la tête de son livre. Les eaux-fortes très remarquables de M. *Langlois* ont assuré depuis longtemps sa réputation parmi les artistes. Ce sera aussi avec un vrai plaisir que je tirerai de l'obscurité, où il aime trop à se cacher, M. *Riaux*, archiviste de la chambre du commerce, et possesseur éclairé d'une des bibliothèques les mieux choisies que j'ai visitées. Je ne veux pas laisser au fameux bibliomane anglais Debdeen l'honneur d'apprendre seul au monde savant qu'il n'en est peut-être point de plus riche en ouvrages relatifs à la Normandie.

« J'ajouterai à cette liste, bien qu'il n'ait pas, je crois, l'honneur d'être académicien, M. *Léon Thiessé*, qui, jeune encore, s'est déja classé parmi les défenseurs des libertés publiques et de la saine littérature.

« La *Société libre d'émulation* n'est qu'une contre-épreuve de l'académie, et se compose en partie des mêmes membres que l'on retrouve encore dans la *Société d'agriculture;* cependant il s'y joint de plus quelques propriétaires éclairés et quelques hommes modestes qui cultivent en silence le premier et le plus honorable des arts. Je citerai parmi les premiers M. *Raoul de Germiny,* le frère du pair de France, qui a contribué plus qu'aucun autre à propager dans le département la race des moutons mérinos dont il possède lui-même un des plus beaux troupeaux;

« M. *de Montville,* pair de France, qui s'occupe sur-tout de vastes plantations;

« M. *Petit de la Saussaye,* aussi savant agronome que magistrat intègre.

« Parmi les derniers, une mention honorable appartient à M. *Dupreuil,* conservateur du jardin des Plantes de Rouen, et à M. *Le Prévost,* jardinier, qui possède en botanique des connaissances dont pourrait s'honorer plus d'un savant, et qui a, pour la plantation des jardins paysagistes, un talent dont je m'applaudis que le hasard m'ait mis à même de faire l'heureuse épreuve.

« Sept villes qui avaient laissé Homère mourir de faim de son vivant se disputèrent l'honneur de sa naissance après sa mort. Il y a quelques découvertes modernes qui ont eu à-peu-près le même sort que le poéte grec. Dédaignées ou inaperçues à leur origine, ce n'est que lorsqu'elles ont influé par leur accroissement ou par leurs conséquences à changer la face du monde, que chaque ville a revendiqué l'honneur d'y avoir eu part. Il n'est guère de port de mer qui ne prétende avoir eu un bâtiment qui ait abordé le premier au Nouveau-Monde: ailleurs on veut avoir inventé la poudre à canon avant le moine allemand; ici l'on m'assure que Rouen pourrait se réunir à Haarlem et à Strasbourg pour disputer à Mayence la découverte de l'imprimerie : malheureusement ces prétentions sont dénuées de preuves.

« Au reste, quand les procédés et les bienfaits de l'imprimerie eurent été constatés, Rouen ne resta point en arrière dans la culture de cet art précieux. Plusieurs générations de la famille *Lallemant* s'y sont sur-tout distinguées, et c'est aux derniers imprimeurs qui ont porté ce nom que l'on doit le meilleur dictionnaire *français-latin* qui fut connu dans les colléges avant celui de M. *Noël*. Je ne parle pas de l'imprimeur *Jorre*, qui s'est acquis une célébrité plus scandaleuse qu'honorable par ses démêlés avec Voltaire. Aujourd'hui la famille *Périaux* paraît appelée à recueillir l'héritage de tous ceux qui se sont fait remarquer à Rouen dans l'art typographique; et le commerce de la librairie est exercé avec une distinction et un succès à-peu-près égaux par MM. *Frère*, *Renault* et *Vallée*. »

Je n'avais pas encore trouvé le moment de visiter le théâtre; Eugène me proposa de clore par-là notre journée, et mon dernier discours sur la ville de Rouen.

La salle de spectacle est située près du quai, au bas de la rue *Grand-Pont*. Elle est loin, sur-tout à l'extérieur, d'être digne d'une ville qui a vu naître Corneille. L'intérieur est bien distribué et la scène assez vaste. Cette salle est l'ouvrage de l'architecte *Gueroult*; le plafond, qui représente *l'Apothéose du grand Corneille*, est dû au pinceau de *Lemoine*. Le même peintre a fait aussi pour ce théâtre un rideau estimé des connaisseurs, mais que l'on ne déploie que dans les représentations extraordinaires. Celui dont on se sert habituellement, d'une exécution très inférieure, représente *Corneille* composant les chefs-d'œuvre qui devaient immortaliser son nom et sa patrie. Rouen possède encore sur la place du Vieux-Marché une autre salle de spectacle connue sous le nom de *Théâtre-Français*. La grande salle porte le titre de *Théâtre-des-Arts*. On ne joue que le dimanche au Théâtre-Français, et il est desservi par les mêmes acteurs que le grand théâtre.

La troupe de Rouen a passé de tout temps pour être la pépinière la plus féconde des théâtres de Paris, où l'on compte peu d'acteurs distingués qui ne lui aient appartenu. C'est ici que ceux qui veulent débuter dans la capitale viennent faire leur stage. Il est rare que les arrêts rendus à Rouen soient cassés à Paris. Il m'a semblé même, autant que j'ai pu en juger pendant le cours d'une seule représentation, que le parterre *debout* de Rouen avait plus de sévérité que le parterre *assis* de Paris. Serait-ce que notre esprit aurait moins de propension à l'indulgence, lorsque notre corps est moins à l'aise?

La faveur publique m'a paru se prononcer généralement ici pour l'opéra comique. La patrie de *Boyeldieu* peut donner un motif d'orgueil national à cette prédilection.

L'anniversaire de la naissance de Corneille est célébré chaque année au théâtre de Rouen avec une pompe de la part des acteurs, et un empressement de la part du public, également honorables pour tous deux. C'est une fête de famille que l'admiration et la reconnaissance ne se lassent pas de perpétuer.

N° CIIX. [18 AOUT 1823.]

LES RIVES DE LA SEINE.

***

Le fleuve, dieu de ces climats,
Guide dans ses détours ma course vagabonde
LA HARPE, *Épît. au comte de Schoualaw.*

« Il n'y a rien à gagner pour les peintres, les poëtes, les sages et les voyageurs à suivre les routes battues, me disait Léon, que j'avais retrouvé à l'*hôtel de France,* à mon retour du spectacle; ainsi sous ces deux rapports il ne vous convient nullement de suivre la grande route de Rouen au Havre pour parcourir le département de la Seine-Inférieure. Si vous m'en croyez, vous donnerez la préférence à ce que l'auteur d'*Atala* ou celui de *Smarra* appelleraient *la Route des anciens jours.* C'est par la voie romaine qui passe par *Caudebec* et *Lillebonne* que j'ai le projet de vous faire faire votre entrée dans *le pays de Caux.*

« Cette route est moins fréquentée et plus difficile que celle qui traverse le centre du département¹, mais l'aspect enchanteur des bords de la Seine dont elle suit les rives, et les débris des monuments historiques qui l'avoisinent, vous dédommageront amplement d'un peu de fatigue. Si nous n'avions pas besoin de nous arrêter de temps en temps pour contempler les uns et pour visiter les autres, je vous aurais proposé de vous rendre au Havre par le paquebot à vapeur qui remonte la Seine en douze heures, tandis qu'il faut au moins trois ou quatre jours aux autres bâtiments. Ce nouveau moyen de transport est aussi avantageux pour le commerce qu'agréable pour cette foule de curieux qui entreprennent chaque année le voyage du Havre. Il nous convient moins à nous qui voulons explorer avec attention chaque coin de terre. »

C'est une route tout-à-fait pittoresque que la *Route des anciens jours*. L'œil se repose en la parcourant sur des paysages aussi agréables que variés. Ici vous jouissez de la profonde solitude des bois, là vous traversez de jolis villages, plus loin vous découvrez les riantes perspectives de la Seine. Nous n'avions pas encore fait deux lieues à travers une forêt désignée sur ma carte de *Cassini* sous le nom de forêt de *Roumare*, que Léon donna ordre au postillon d'arrêter, et m'engagea à mettre pied à

---

¹ Elle est maintenant réparée et meilleure que la route parallèle.

terre pour aller saluer les ruines de l'ancienne abbaye de *Saint-Georges*. Une manufacture est établie dans les bâtiments de l'abbaye. L'église, qui a été fondée par Raoul de Tancarville, d'abord gouverneur et ensuite chambellan de Guillaume-le-Conquérant, est regardée comme un des plus beaux morceaux d'architecture normande. Ce ne fut pas sans beaucoup de peine que je parvins à arracher Léon aux ruines de Saint-Georges pour continuer notre route jusqu'à *Duclair*, où nous déjeunâmes.

« Vous me paraissez avoir si peu de goût pour les vieux monastères, me dit mon compagnon de voyage, que je n'ose vous proposer de vous détourner une seconde fois de notre route pour vous faire faire un pèlerinage aux abbayes de *Jumiéges* et de *Saint-Wandrille*. Je pense cependant que vous ne verrez pas sans intérêt des lieux qui furent longtemps le sanctuaire des lettres et des arts, et dans lesquels on consacrait chaque année un jour entier à prier exclusivement pour les auteurs, *pro illis qui dederunt et fecerunt libros*, disait la règle du monastère. »

Nous quittâmes donc la grande route pour nous enfoncer dans la jolie péninsule, au milieu de laquelle florissait jadis Jumiéges. « Ce mot de Jumiéges, que l'on exprimait en latin par celui de *Gemmeticus*, me dit Léon, sur lequel je me repose de toutes mes recherches scientifiques, a eu les honneurs de l'étymologie. C'est presque toujours avec le dictionnaire de leurs passions ou de leurs systèmes que les hommes interprètent les mots ; c'est ce qui explique comment des gens, dont les idées sont entièrement opposées, s'expriment cependant précisément dans des termes semblables. Vous ne vous étonnerez donc pas qu'un moine austère ait vu dans ce mot *Gemmeticus* un dérivé du mot *gemitus*, par allusion aux cénobites qui gémissaient sur leurs fautes au fond de ces pieuses retraites ; qu'un autre dont l'imagination était plus poétique, comparant ces beaux lieux à un diamant, ait dit :

Gemmeticum siquidem a gemmâ dixere priores,
Quòd reliquis gemmæ præcelleret instar Eoæ;

et qu'enfin un naturaliste, ayant remarqué que le terrain des environs était marécageux, ait voulu bon gré, mal gré, faire venir ce même nom du mot celtique *wen* ou *guen* (marais).

Quelques écrivains font remonter la fondation de Jumièges jusqu'à Dagobert. Il paraît plus constant que cette abbaye fut fondée par sainte Bathilde, femme de Clovis II, qui lui fit donnation de tout le pays situé entre Duclair et Caudebec, environ trois lieues de terrain en tous sens. Saint Philibert y réunit d'abord soixante-dix moines ; son successeur, saint Aichœdre, en eut jusqu'à neuf cents sous ses ordres, sans compter cinq cents postulants. Ce vénérable abbé, sentant sa fin prochaine, conçut quelque inquiétude sur le sort d'un si nombreux troupeau. Il pria Dieu d'y pourvoir, et, dès la nuit suivante (ainsi du moins que cela est consigné dans la chronique du couvent), il vit l'ange gardien de la maison se promener dans le dortoir et toucher quatre cents moines, en l'assurant que dans quatre jours il les enlèverait au ciel. Le saint abbé les engagea à se préparer au voyage, et au jour dit « ces sacrés confesseurs passèrent tous de « cette vie en l'autre, *sans douleur,* en un même « jour ; le premier cent à l'heure de tierce, le second « à sexte, le troisième à nones, et le dernier cent à « vêpres. »

Une peinture à fresque représentant cette révélation de saint Aichœdre que l'on voyait jadis dans le cloître de Jumièges attestait-elle suffisamment la vérité de cette histoire ?

Les ruines de ce monastère sont trop délabrées pour pouvoir donner une juste idée de son ancienne splendeur ; mais elles prêtent au paysage le charme de leurs accidents et celui de leurs souvenirs. C'est plus qu'il n'en faut pour faire regretter que des gens qui n'ont pas même le prétexte d'une sordide avarice devancent les ravages du temps et livrent ces débris à une destruction prématurée. Ils sont adjugés pour la seule valeur des matériaux qui est presque nulle. Des hommes animés de sentiments plus généreux avaient proposé de réparer cet ancien édifice et d'en faire une maison de retraite pour les marins infirmes et mutilés. On a ajourné ce projet jusqu'à l'époque où nous aurons une marine, et en attendant on a rasé le monastère.

On distingue encore dans l'abbaye, entre le dortoir et l'infirmerie des moines, les restes de la salle qui prit le nom de la *Salle des gardes* de Charles VII, lorsqu'il vint se réfugier à Jumiéges, et puiser dans les bras de l'amour les nobles élans de ce courage qui brisa enfin un joug dont le souvenir est encore insupportable à la France. La gente Agnès, à qui la bienséance ne permettait pas de partager la retraite de son amant, avait cherché la sienne dans le hameau le plus voisin, au petit manoir du *Mesnil*, où elle mourut en couche, selon les uns, empoisonnée, selon les autres. Son corps fut inhumé à Loches, son cœur et ses entrailles restèrent à Jumiéges, où on lui éleva très convenablement un magnifique tombeau dans la chapelle de la Vierge.

La beauté et la fertilité des environs de Jumiéges m'ont confirmé dans une idée que m'avait déja inspirée la vue des différents monastères que j'ai trouvés jusqu'ici sur ma route; c'est que les moines sont loin de mériter l'honneur que certains écrivains veulent bien leur faire d'avoir défriché et fertilisé la France. A quelques exceptions près, et ces exceptions sont fort rares, c'est toujours dans quelque coin de terre favorisé de la nature et des cieux que l'on est sûr de rencontrer les ruines des couvents. Il est facile, avec un peu d'attention, de se convaincre que la fertilité de ces espèces d'oasis, qu'entourent souvent des déserts que les moines n'ont point défrichés, est l'ouvrage de la seule nature.

Les plus anciennes chroniques ne parlent de Jumiéges que comme d'un lieu de délices, où la vigne même, si rare en Normandie, prodiguait ses doux trésors. Les moines de Jumiéges ont plutôt épuisé que fertilisé ce sol fécond, car la vigne en a disparu.

Quoique le jour commençât à baisser, au moment où nous quittions Jumiéges, nous nous décidâmes à nous rendre à pied jusqu'à *Caudebec* en suivant les bords de la Seine. J'ai vu tant de sites pittoresques que je suis devenu difficile en ce genre. Je dois dire pourtant que j'ai encore éprouvé de nouvelles émotions de plaisir et de surprise en présence des tableaux majestueux, des vastes perspectives, qu'animent et diversifient en cent manières les méandres de ce beau fleuve.

Il était trop tard lorsque nous approchâmes de Caudebec pour aller chercher la place où fut l'abbaye de Saint-Wandrille, qui rivalisait par ses richesses et ses monuments avec celle de Jumiéges, mais dont les annales, plus étrangères aux affaires de ce monde, ne présentent que la succession assez insignifiante des abbés du couvent. Je suis loin, au reste, d'en vouloir faire un crime aux moines de Saint-Wandrille.

Quand on a visité l'église de Caudebec, citée comme un monument remarquable d'architecture gothique, la chapelle du Saint-Sépulcre, où l'on distingue entre plusieurs figures fort médiocres un assez beau corps de Christ, et le quai où l'on ne manque jamais de rencontrer quelque honnête habitant de la ville qui vous indique avec un petit sentiment d'orgueil bien pardonnable l'endroit que *Joseph Vernet* a désigné comme le point d'où l'on jouit d'une des plus belles vues de France, on peut se flatter de connaître tout ce qu'il y a de curieux à Caudebec. Avant que la révocation de l'édit de Nantes eût dispersé ses plus industrieux habitants, cette petite ville avait mérité par ses fabriques de chapeaux une réputation que Boileau a consacrée dans ses vers.

Pour réparer la perte irréparable de son commerce, le gouvernement sembla prendre plaisir à concentrer dans ses murs tous les établissements d'administration publique, et toutes les petites dignités féodales. Caudebec était, avant la révolution, le siége du bailliage de Caux, qui avait *six sergenteries* dans sa dépendance. Il possédait en outre *présidial, prevôté, maîtrise, amirauté, élection, grenier à sel, haute justice seigneuriale, recette de taille, ferme générale, direction des aides, bureau des traites*, *bureau des domaines*, etc. Ces funestes avantages n'ont eu d'autres résultats que de détourner les habitants de Caudebec de la carrière à laquelle les appelait la situation de leur ville, pour en faire un peuple de praticiens et de gens de bureau. Aujourd'hui même l'industrie a beaucoup de peine à vaincre ces anciennes habitudes et les préjugés qui en sont la suite; il y a encore tel *prevôt*, tel *directeur des aides*, tel *receveur des tailles* qui ne souffrirait pas que son fils dérogeât en s'adonnant à un commerce utile.

Si j'en avais cru Léon, nous aurions continué à côtoyer les bords du fleuve dont il m'assura que l'aspect devient plus pittoresque à mesure qu'on s'approche davantage de son embouchure; mais il aurait fallu suivre des sentiers qui ne sont guère praticables qu'à pied. J'indiquerai cette route qui passe par les jolis villages de *Norville, Saint-Maurice, Petite-Ville, et du Mesnil*, aux artistes et aux gens plus ingambes que moi.

Nous nous rendîmes à *Lillebonne* par la voie romaine, qui y conduit en ligne droite. Les restes d'un théâtre romain et les ruines du château d'Harcourt partagent ici l'attention et l'intérêt du voyageur. Sans une filature de coton, qui appartient à MM. *Lemaistre*, le silence de la mort régnerait dans ce petit bourg, qui fut jadis une ville importante, et qui n'est plus que le tombeau de deux puissances éteintes[1].

Bernardin de Saint-Pierre, qui a donné, dans ses *Études de la Nature*, la description du château de Lillebonne, la termine en disant : « Quand je me rappelai, à la vue de ce manoir, qu'il était autrefois habité par de petits tyrans, qui, avant que l'autorité royale fût suffisamment établie dans le royaume, exerçaient de là leur brigandage sur leurs malheureux vassaux, et même sur les passants, il me semblait voir la carcasse et les ossements de quelque grande bête féroce. » C'est cette même réflexion qui me poursuit au milieu de tous les débris de la féodalité, et qui m'empêche de me livrer, à leur aspect, aux mêmes sentiments d'admiration et de mélancolie que mon jeune compagnon de voyage. Cette manière différente d'envisager les mêmes objets a été, depuis Rouen, le sujet d'une continuelle discussion entre Léon et moi.

« Nous avons raison l'un et l'autre, lui dis-je enfin pour la terminer : à votre âge on a plus de poésie dans la tête, et au mien plus de philosophie. A l'aspect de ces débris de la féodalité, vous vous laissez dominer par l'effet pittoresque du paysage,

[1] Dans les fouilles faites tout récemment à Lillebonne, on a découvert une statue en bronze doré, d'un style fort médiocre, mais remarquable comme l'unique morceau de ce genre qui soit parvenu jusqu'à nos jours.

qui tire un agrément nouveau de ces vieilles murailles couronnées de lierre, de ces donjons, dont le front menace encore la nue : vous cédez à je ne sais quel regret qu'inspire à l'homme la destruction de tout ce qui porte un caractère de force et de grandeur ; mais, pour moi, le temps des illusions est passé ; la raison a brisé le prisme ; je ne me laisse plus aller au charme de vagues rêveries ; je ne cherche par-tout que des idées positives, des sentiments vrais, et c'est le flambeau de l'histoire à la main, que je parcours ces sombres voûtes, ces tours obscures, ces cachots ténébreux. A coup sûr, les sires d'Harcourt et ceux de Tancarville, dont l'ancien manoir est, je crois, voisin de celui-ci, ont brillé d'un assez noble éclat dans nos annales publiques ; mais, si vous les considérez dans l'intérieur de leurs seigneuries féodales, trouverez-vous rien de plus misérable et de plus funeste que leurs dissensions ?

« L'auteur du *Voyage romantique en Normandie*, que l'on n'accusera pas, à coup sûr, d'être un détracteur de la féodalité, a cru devoir retracer le tableau des démêlés auxquels la possession d'un chétif moulin donna naissance entre ces hauts et puissants barons. On voit dans ce récit, beaucoup plus philosophique que l'auteur ne l'a cru peut-être, comment ces deux châtelains commencèrent par faire tuer tous ceux de leurs vassaux qui purent prendre les armes pour cette grande querelle, et cela sans obtenir des succès décisifs; comment ensuite sire d'Harcourt creva un œil, en trahison, au chambellan de Tancarville; comment le ministre Enguerrand de Marigny se déclara, conformément à la justice, contre le déloyal chevalier, qui trouva un appui dans M. Charles de Valois, ce qui prouve, en passant, que les princes ne soutiennent pas toujours les meilleures causes; et comment enfin les deux rivaux s'appelèrent, devant le roi de France, en combat singulier, où tous deux auraient probablement succombé, si le roi d'Angleterre, qui se trouvait aussi témoin du duel, ne l'eût fait interrompre. Fouillez les vieilles archives, ce n'est que de la poésie de ce genre que vous trouverez dans l'histoire des vieux donjons. »

En dépit du ton un peu brusque de ma boutade, Léon ne m'entraîna pas moins jusqu'aux ruines de Tancarville, qui sont environ à deux lieues de Lillebonne. Je dois avouer que je lui sus bon gré de la violence qu'il m'avait faite lorsqu'au sortir d'un bois épais, je me trouvai transporté, comme par enchantement, sur la cime d'un rocher qui forme, au-dessus de la Seine, une saillie de plus de cent pieds, et semble élancé sans support entre le ciel et les eaux. La nature offre peu de tableaux plus magnifiques et plus étendus que celui qui se déroula à nos yeux du haut de *Pierre-Gante:* c'est le nom que les habitants du pays ont donné, par contraction de *Pierre Géante*, à ce roc énorme, sur lequel nous nous étions assis.

L'ancien séjour des chambellans des ducs de Normandie, que nous avions à notre droite, domine, de la manière la plus heureuse, le vaste bassin de la Seine et quelques cabanes de pêcheurs adossées aux falaises taillées à pic sur lesquelles il est élevé.

« Quelque imposants que soient les débris de cet antique château, me dit Léon, ils occupent cependant trop peu de place dans cette vaste perspective pour que vous ne me pardonniez pas de vous avoir mis en présence d'un point de vue admiré par des voyageurs encore pleins des souvenirs de la Suisse et de l'Italie. C'est ici que l'on peut s'expliquer la préférence qu'Arthur Young donnait à la Seine sur tous les fleuves qu'il avait vus. Vous pouvez embrasser son cours majestueux depuis *Honfleur,* que nous cache cette espèce de promontoire qui s'avance sur l'autre rive, jusqu'aux environs de Caudebec, situé à notre gauche. Les jeux de la perspective et les rideaux de verdure qui bordent le fleuve nous dérobent, de ce dernier côté, une partie de ses nombreux détours, mais c'est pour nous enchanter par un nouveau prestige, en nous les laissant apercevoir comme autant de lacs disséminés dans le plus charmant paysage.

« La Seine n'a guère moins de deux lieues de large d'ici à *Quillebœuf,* qui est vis-à-vis de nous. Le héros béarnais a inutilement tenté de changer le nom celte de cette petite ville contre le nom plus français d'*Henricarville*, ou d'*Henricopolis*. Elle sert aujourd'hui de résidence aux pilotes qui guident, à travers les bancs de sable toujours changeants dont l'embouchure de la Seine est obstruée, les vaisseaux qui remontent le fleuve jusqu'à Rouen. Vous pourrez juger bientôt par vous-même de l'habileté qu'exige cette courte, mais périlleuse navigation, car avant peu la *Barre* aura fait une mer des plages que vous voyez à découvert, et les pêcheurs iront relever avec leurs barques les filets qu'ils tendent en ce moment à pied sec.

« La *Barre* est dans la Seine ce que le *Mascaret* est dans la Dordogne. Ces deux rivières sont également sujettes à l'action de la marée ; mais elle est bien plus puissante dans la Seine, où elle se fait sentir jusqu'au *Pont-de-l'Arche,* c'est-à-dire à soixante-dix lieues de la mer. Vous concevez quelle doit être à l'embouchure du fleuve la force du refoulement des eaux. D'affreux mugissements que l'on entend dans les grandes marées jusqu'à deux et trois lieues dans les terres, annoncent l'approche de ce redoutable phénomène, et avertissent les matelots et les riverains de se mettre en garde contre ses funestes effets.

Cependant sur le dos de la plaine liquide,
S'élève à gros bouillons une montagne humide.

« L'expression du poète n'est plus ici que celle de la plus exacte vérité. Cette montagne c'est la Barre qui apparaît dans toute la largeur du fleuve ; elle le force à remonter son cours, couvre en un instant et déplace souvent les bancs de sable que le temps a amoncelés dans son sein ; elle se répand sur les rives, détruit et renverse tout ce qui s'oppose à son passage, porte ici la désolation en engloutissant sur un bord de vastes prairies, des domaines entiers qu'elle repousse sur l'autre, où son approche fait naître des sentiments d'espérance et de joie, expiés plus tard par de nouveaux désastres. »

Léon avait à peine achevé de parler que je vis se reproduire sous mes yeux, mais avec des signes moins effrayants, la description qu'il venait de me faire de la Barre. Nous étions en basse marée, et le ciel le plus pur, l'air le plus calme semblaient conspirer avec la tranquillité des eaux pour affaiblir les traits sous lesquels il m'avait peint ce terrible phénomène. Tel qu'il parut à mes yeux, il ne reveilla plus dans ma pensée que le souvenir de l'ingénieuse fiction de Bernardin de Saint-Pierre, et je crus voir avec l'auteur de l'*Arcadie* Neptune amoureux poursuivant la nymphe de la Seine qui ne semblait fuir devant le dieu que pour l'attirer plus avant dans son lit. De nombreux vaisseaux couvrirent bientôt les eaux accrues du fleuve, et franchirent en quelques instants devant nous ces sirtes, marquées chaque année par quelques naufrages. »

Si les travaux qui ont pour but d'épargner des périls aux hommes et d'ouvrir de nouvelles sources à la puissance et à la prospérité des états n'étaient pas presque toujours ceux dont les gouvernements de notre vieux continent s'occupent le moins, on pourrait s'étonner que l'on n'ait pas encore songé à réaliser en France le projet que Henri IV avait formé de raccourcir la navigation de la Seine jusqu'à Paris, et sur-tout de faciliter celle de son embouchure. Il faudra pourtant bien se résoudre tôt ou tard à exécuter au moins la dernière partie de ce plan, car chaque année voit accroître à l'entrée de ce fleuve les sables et les dépôts que son cours tend à précipiter vers la mer, tandis que la Barre les repousse incessamment. Neuf plans différents, et ce qui valait peut-être mieux encore, les offres d'une compagnie hollandaise, qui ne demandait pour prix de ses travaux que la propriété des dix-sept mille acres de terre qu'elle aurait soustraites à l'immersion, ont été successivement rejetés. *Noël* a consigné les détails de ces divers projets dans ses *Essais sur le département de la Seine-Inférieure;*

puisse-t-on quelque jour recourir à cette intéressante partie de son ouvrage!

« C'est en présence de ces grandes et utiles entreprises, s'écria Léon, qui m'avait déjà donné une partie des renseignements que je viens de transcrire, que l'on sent le desir de voir s'élever un prince qui, dominé par le génie de la paix, comme d'autres l'ont été par celui de la guerre, emploie son ascendant à inspirer à une nation l'amour de ces nobles travaux, et ses talents à apprendre aux hommes à créer au lieu de détruire, à vaincre la nature au lieu de leur enseigner à massacrer leurs semblables. Quelques rois égyptiens ont mérité cette gloire dans des temps que nous appelons barbares; et si quelque chose peut absoudre les Romains de leurs conquêtes, ce sont les grands travaux que leurs armées exécutèrent jusque chez les peuples vaincus. On ne craignait pas chez eux de déshonorer des soldats citoyens en les employant pendant la paix à la création de ces belles voies, à la construction de ces magnifiques aqueducs dont les restes font encore l'admiration du monde. Proposer chez les peuples modernes un pareil emploi pour les armées, ce serait s'exposer au reproche de vouloir les avilir. La féodalité a fait je ne sais quel métier exclusif et privilégié de l'art de tuer les hommes, dont on déroge dès qu'on s'occupe d'améliorer leur sort; et, pour rendre à jamais honteux ce qui est utile, c'est aux criminels qu'on a réservé les *travaux publics*.

« Les Anglais et les Américains, poursuivit avec feu mon jeune ami, sont les seuls peuples qui possèdent encore le secret des grands travaux. La navigation de la Tamise n'offre pas moins d'obstacles que celle de la Seine, et les plus gros vaisseaux abordent à Londres. Peut-être si la Normandie ne se fût pas séparée de sa conquête, Rouen florirait-il aujourd'hui à l'égal de la ville où ses ducs ont dicté des lois.

« Je partage entièrement avec vous, repris-je, le désir de voir les vieilles nations d'Europe, qui sont encore dans l'enfance de la véritable civilisation, adopter ces idées d'amélioration et d'accroissement intérieurs qui conviennent si bien à leurs nouvelles destinées, et qui auraient sur-tout pour plus heureux résultat celui de ne plus faire regarder comme une calamité la surabondance de la population; mais ce n'est pas par l'influence d'un seul homme sur un peuple que je voudrais voir s'opérer cette métamorphose, c'est au contraire par l'influence des peuples sur ceux qui les gouvernent. C'est par cette influence qu'ont été exécutés les immenses travaux que l'on admire chez les deux nations que vous proposiez tout-à-l'heure pour exemple, ce n'est même que par elle seule qu'ils peuvent l'être;

car de semblables entreprises doivent, pour être achevées, se léguer de génération en génération, et un prince ne vit que quelques années, tandis qu'un peuple vit plusieurs siècles[1]. »

Pendant cet entretien nous étions descendus du sommet de Pierre-Gante, dont on juge encore mieux la forme singulière du fond de la vallée. Nous allâmes ensuite visiter les ruines de l'ancien et du nouveau château de Tancarville : l'un est tombé sous la faux du temps, l'autre sous les coups plus rapides de l'anarchie. Le maréchal Suchet a acheté les bois spacieux d'alentour. Parmi les noms nouvellement historiques, on en trouverait difficilement un plus digne de s'associer à celui des premiers propriétaires[2].

Nous sommes remontés en voiture pour nous rendre à Bolbec ; un léger accident, occasioné par la difficulté des chemins, nous contraignit de nous arrêter à moitié route dans un grand village nommé,

[1] Nous apprenons que le gouvernement s'occupe pour la *dixième fois* du projet d'améliorer la navigation de la Seine. D'après ce projet, des vaisseaux de trois cents tonneaux remonteraient jusqu'à Paris : il est difficile de déterminer toute l'influence que l'exécution d'une pareille entreprise pourrait avoir sur la prospérité de la France ; mais peut-être vaudrait-il mieux former des projets moins brillants et en venir enfin à un commencement d'exécution.

[2] Cet illustre guerrier est mort au commencement de l'année 1826.

sans doute à cause de son étendue, *Saint-Nicolas-de-la-Taille*.

Pendant qu'on raccommodait une des roues de notre calèche, nous allâmes visiter l'église qui est de construction moderne et d'une beauté remarquable; en sortant nous aperçûmes dans le cimetière quelques personnes religieusement agenouillées auprès d'une tombe qui paraissait nouvellement élevée. Nous crûmes que c'était une nombreuse famille qui venait pleurer son chef. Nous ne nous trompions pas : un habitant du village nous apprit que c'était là que reposait le vénérable pasteur qui, pendant plus de trente ans, avait gouverné cette paroisse. Ses larmes interrompirent plus d'une fois le récit qu'il nous fit des traits de bonté et de dévouement de cet excellent homme. Devenu médecin par zèle pour les pauvres, il portait dans toute la contrée les secours gratuits de son art, en même temps qu'il y répandait les consolations de la religion. Appelé souvent à des fonctions plus élevées, il les refusa constamment, pour vivre et mourir au sein du troupeau qui avait été le premier confié à ses soins.

Notre arrivée n'avait pas troublé le recueillement des assistants. En voyant ces bons villageois adresser leurs vœux au ciel pour le bonheur de celui qui les avait aidés à supporter leurs maux sur la terre, on eût dit l'innocence priant pour la vertu.

Nous nous approchâmes à notre tour de la tombe; la pierre qui la recouvrait portait pour inscription ces deux mots, où se trouve renfermée toute l'histoire de la vie du bon curé de Saint-Nicolas : *Pertransiit benèfaciendo.*

J'avais ouvert mes tablettes pour y inscrire le nom de ce digne émule des vertus de Fénélon et de Vincent de Paule, mais Léon m'arrêta en me disant : « Sa gloire n'est pas de ce monde! » Je me rendis à cette observation, et nous nous éloignâmes l'un et l'autre en silence.

N° CLI. [16 juin 1823]

LE ROYAUME D'YVETOT.

> Il était un roi d'Yvetot,
>   Peu connu dans l'histoire,
> Se levant tard, se couchant tôt,
>   Dormant fort bien sans gloire,
> Et couronné par Jeanneton
> D'un simple bonnet de coton,
>   Dit-on.
> Oh! oh! oh! oh! ah! ah! ah! ah!
> Quel bon petit roi c'était là!
>   La, la.
>
> De Béranger, *chans.*

Fatigué de débris et de ruines, j'ai cru renaître à la vie en entrant à *Bolbec*. Tout est neuf, tout est animé dans cette petite ville. Les rues sont spacieuses et bien alignées; la principale est ornée de deux jolies fontaines que surmontent des statues en marbre. On n'y voit pas, comme dans le reste de la Normandie, ces maisons bâties, partie en bois, partie en maçonnerie, et d'un aspect si disgracieux; presque toutes les constructions sont en briques, dont les vives couleurs se détachent agréablement sur les vertes collines qui entourent la ville. Bolbec a payé un peu cher cet air de jeunesse et de fraîcheur; il le doit à deux incendies, dont il fut successivement la proie dans le cours du même siècle. Le dernier fut le plus terrible; aussi ne trouverait-on peut-être pas ici une maison qui soit antérieure à 1765, époque de ce funeste désastre.

Si Bolbec n'eût pas été une ville commerçante, probablement on chercherait aujourd'hui la place qu'elle aurait occupée; mais deux fois ses industrieux habitants parvinrent à la faire sortir plus florissante de ses cendres. Une circonstance remarquable contribua sur-tout à ce prodige d'une laborieuse constance aux prises avec l'adversité. C'est que tous les engagements de commerce furent remplis par les incendiés avec la plus scrupuleuse exactitude; personne ne chercha à s'y soustraire en se faisant un prétexte de ses revers, et tous les habitants, devenus en quelque sorte solidaires par un malheur commun, ne souffrirent pas qu'une seule faillite ébranlât le crédit de leur place. Ce mémorable exemple de probité inspira un intérêt général en faveur de cette ville, qui, depuis ce moment, a toujours vu croître son industrie et son commerce. Je viens d'en admirer les plus beaux produits dans les ateliers d'impression, et dans les filatures de MM. Pouchet, Lemaitre, et Kœtinge. Bolbec possède aussi quelques tanneries établies sur les bords du petit ruisseau qui, après l'avoir traversé, va se jeter dans la Seine aux environs de *Lillebonne*.

Ce n'est pas sans surprise que j'ai appris que les protestants étaient en assez grand nombre ici pour avoir droit à un temple. Aucune trace de division, aucun esprit de secte, aucune haine de parti n'y annoncent dans la société ou parmi le peuple la présence de deux églises.

J'avais si souvent entendu vanter la réputation de beauté dont les Cauchoises jouissent parmi les Normandes, et spécialement les Bolbécaises parmi les Cauchoises, que j'apportai à examiner les traits et la physionomie des femmes qui passaient près de moi, une attention dont quelques unes auraient peut-être paru moins offensées, si elles avaient eu affaire à un plus jeune observateur. Mais hélas! dois-je le dire! mes yeux ont vainement cherché dans le plus grand nombre cette régularité de traits, cette fraîcheur de carnation, cette pureté de formes et cette élégance de taille dont mon imagination s'était plue à les douer. Je crois qu'en abandonnant la coiffure de leurs aïeules, les Cauchoises ont renoncé à la partie de leur toilette la plus propre à relever leurs attraits. A l'examiner en lui-même, ce bonnet conique des anciennes Cauchoises avec ses longues barbes flottantes de mousseline et de dentelle offre bien quelque chose de bizarre et de fantasque, mais il acquiert et donne je ne sais quelle élégance et quelle grace dès qu'il est sur la tête d'une femme. Au risque d'affaiblir la justesse de cette remarque, je dois dire que c'est après avoir vu ce bonnet sur la tête de madame D*** que j'en ai pris cette idée.

Nous sommes descendus de préférence à *l'hôtel de la Poste* où est né le général *Ruffin*. Parti comme simple volontaire, c'est l'épée à la main qu'il arriva jusqu'au grade de général de division; fait prisonnier en Espagne par les Anglais, il mourut pendant la traversée des blessures qu'il avait reçues avant de tomber en leur pouvoir. Le nom de ce brave officier est, à ma connaissance, le seul qui puisse répandre quelque éclat sur Bolbec; mais cette petite ville est assez riche en hommes utiles pour se consoler de ne l'être pas en hommes célèbres.

« Tout en vous épargnant l'ennui de vingt lieues de grande route, me dit Léon, à qui on venait de remettre deux lettres, j'ai dû vous ménager l'occasion de juger au moins par aperçu le *pays de Caux* que nous avons tourné en longeant les bords de la Seine. Il vous suffira, pour vous en former une juste idée, d'une promenade à quelques lieues d'ici, et d'un séjour de quelques heures chez deux de mes anciens camarades de collége. L'un, après avoir rêvé la gloire sous un uniforme de sous-lieutenant, est venu, au réveil qui a dissipé ce beau songe, retrouver le bonheur qui l'attendait sous la saye de ses pères; et l'autre, après avoir cultivé les champs de ses nobles aïeux pendant la guerre, est devenu tout-à-coup militaire à la paix. En un mot, c'est une visite à la ferme et au château de *** que je vous propose. Nous sommes attendus demain pour déjeuner à la ferme, et pour dîner au château.

Léon, bien sûr de mon assentiment, se retira pour faire la double réponse qu'attendaient avec impatience le valet en livrée, et le valet en blouse, qui avaient apporté ces invitations.

Le lendemain nous nous mîmes de bonne heure en marche.

Depuis Rouen jusqu'au Havre, et depuis les bords de la Seine jusqu'aux confins du *pays de Brai*, tous les villages semblent modelés les uns sur les autres. Chaque château est entouré d'épaisses futaies, et chaque ferme enclose de larges chaussées en terre, qu'on nomme assez improprement ici des fossés, sur lesquelles s'élèvent trois ou quatre rangées de beaux chênes ou de hêtres. Ces plantations régulières, composées d'arbres de même espèce, de même hauteur, et se présentant au loin à-peu-près sous les mêmes formes, donnent au paysage un aspect fatigant d'uniformité; mais en revanche elles ajoutent considérablement à la valeur des terres, sans y occuper beaucoup d'espace; elles permettent de livrer à la culture de vastes forêts, et elles sont de la plus grande utilité dans un pays plat et voisin de la mer, pour rompre la fureur des vents.

« Ce n'est rien moins qu'aux Celtes et aux Teutons qu'il faut, dit-on, faire remonter l'usage d'entourer ainsi les habitations de retranchements plantés d'arbres. — Si l'on voulait même en croire certains étymologistes, répartit Léon, les Cauchois ne seraient eux-mêmes que des Celtes; car en latin on les appelle *Caleti*, et de *Caleti* à *Calt*, et de *Calt* à *Celt*, il n'y a pas si loin que d'*Alfana* à *Equus*.

« Baigné sur ses deux côtés les plus étendus par la Seine et par la mer, poursuivit mon compagnon de voyage, le pays de Caux est à l'intérieur presque entièrement privé d'eaux vives. Trois ou quatre petits ruisseaux coupent seuls ses fertiles plaines et ne parcourent pas un espace assez considérable pour préserver ses campagnes du fléau de la sécheresse. On tâche de le prévenir en conservant l'eau dans des mares; mais ces amas d'eaux stagnantes, dont les exhalaisons sont malsaines en tout temps, deviennent presque toujours inutiles pendant la saison où on en aurait le plus besoin. Rien ne les renouvelle sous un ciel brûlant et serein, et de continuelles évaporations ne tardent pas à les épuiser. C'est alors un triste spectacle que de voir les habitants des villages se disputant entre eux quelques restes d'une eau bourbeuse et fétide, et les cultivateurs envoyant à cinq et six lieues des convois nombreux pour rapporter l'eau nécessaire à leurs troupeaux. — Cette calamité, lui répondis-je, qui n'est pas particulière à ce pays, et dont j'ai plus d'une fois trouvé des traces sur ma route, me rappelle une ordonnance de Louis XIV que l'on ferait bien d'évoquer dans un temps où l'on fait revivre tant de vieilles lois moins raisonnables. Elle porte qu'il sera établi dans chaque village un *puits communal;* l'exécution de ce sage édit épargnerait bien des travaux sans fruit et des maladies qui n'ont d'autres causes que la présence ou l'usage des eaux stagnantes. »

Cette digression nous avait conduits jusqu'aux barrières de la ferme de M. ***, une des plus étendues, et cependant une des mieux cultivées du *pays de Caux.* Lorsque nous arrivâmes, une vingtaine de ses parents et de ses amis étaient déja réunis dans une pièce dont l'élégante décoration et les meubles en acajou faisaient un contraste frappant et agréable avec les murailles en terre et la couverture en chaume de la maison. J'y aperçus avec plaisir une petite bibliothèque et quelques instruments de musique. Rien ne sourit autant à ma pensée que l'alliance de l'agriculture et des arts. A mon sens, le bonheur le plus parfait que l'on puisse goûter dans ce bas monde est toujours le résultat de cette double culture.

La plupart des personnes qui composaient la réunion étaient cultivateurs ou fabricants; quelques unes réunissaient ces deux professions, comme il arrive souvent dans ce pays, où, selon l'expression d'*Arthur Young*, il n'y a pas une chaumière qui ne soit une manufacture. Au tour que prit la conversation, il me fut bientôt facile de fixer mes idées sur le caractère et les mœurs des Cauchois. J'ai remarqué d'abord qu'ils doivent aux fréquentes relations que leur commerce les oblige d'entretenir avec Rouen une certaine urbanité dans les manières et un vernis de politesse, qui plaisent d'autant plus qu'ils ne nuisent pas, chez le plus grand nombre, à la simplicité villageoise; quant à ce qui leur est propre, il m'a paru que ce que l'on redoutait le plus chez eux c'était d'être dupe. Il résulte de là qu'ils portent dans les affaires d'intérêt une défiance quelquefois astucieuse, et dans les autres rapports une réserve un peu froide. L'éducation modifie ces dispositions naturelles, et il faut dire à leur louange qu'elle est beaucoup plus soignée qu'on ne s'attend à la trouver au fond de ces campagnes. Il est rare de rencontrer ici un cultivateur un peu aisé qui n'ait fait ses humanités, et à qui les noms d'Horace et de Virgile soient entièrement étrangers : c'est du moins ce que m'assura, en me répétant les premiers vers des *Géorgiques* et de l'*Art poétique*, un petit homme à côté duquel j'étais à table, et que l'on qualifiait du titre de M. *l'abbé*, en mémoire de l'intention qu'il avait cue de l'être, et nonobstant les six enfants dont il est père.

« Vous concevez, poursuivit M. *l'abbé,* que des esprits préparés par une bonne éducation première doivent être moins que d'autres esclaves des préjugés et de la routine, et plus propres à recevoir les lumières de l'expérience et de la raison. Les progrès qu'a faits l'agriculture dans ce pays sont la preuve la plus concluante qu'on puisse apporter à l'appui de cette observation, que je vous engage à consigner, ne fût-ce que pour ceux qui voudraient ajouter à tant d'autres aristocraties celle de l'éducation. Bientôt nous ne connaîtrons plus de jachères : elles sont déjà réduites à un quart ou à un cinquième de nos exploitations. Nous avons généralement adopté l'usage des prairies artificielles ; la culture des plantes grasses et trois millions que la vente de nos laines attire chaque année dans nos coffres nous récompensent de l'empressement et des soins que nous avons mis à propager les mérinos, seule conquête durable que la France ait faite sur l'Espagne.

« Je ne vous parle pas de nos opinions politiques : uniformes, quant à l'ensemble, elles se nuancent dans les détails, suivant les intérêts particuliers. Liberté au-dedans, puissance au-dehors, voilà le vœu du commerce ; gouvernement économique, voilà le vœu de l'agriculture. »

Pendant que j'écoutais mon interlocuteur avec

l'attention nécessaire pour graver ses paroles dans mon souvenir, un coup d'œil de Léon m'avertit que l'heure de nous rendre au château de *** était arrivée. Il me fallut prendre congé de mon *abbé*.

La transition de la ferme au château fut moins brusque que je ne m'y étais attendu : j'y retrouvai dans la première cour tout l'attirail de ce qu'on appelle dans ce pays un *faire-valoir*, c'est-à-dire de l'exploitation nécessaire à l'entretien de la maison ; mais des armoiries dorées à neuf et placées sur l'entrée principale de la seconde enceinte, que l'on qualifie du titre pompeux de *Cour d'Honneur*, me rappelèrent bientôt les titres et les prétentions du propriétaire.

M. de *** nous reçut avec cette politesse gracieuse, mais un peu protectrice, dont ne peut se défendre un homme qui a, ou du moins qui veut donner aux autres, la conviction de sa supériorité.

Il y a dans l'hospitalité quelque chose de sacré, que je craindrais de profaner, en mettant mes lecteurs dans la confidence de quelques observations et en plaçant sous leurs yeux quelques portraits qui m'ont été fournis au château de ***. En général, l'esprit aristocratique m'a paru avoir ici plus de sagesse et moins d'exagération que dans la plupart des départements que j'ai parcourus. Il m'a semblé qu'on devait faire honneur de cette modération d'opinions aux occupations agricoles qui sont celles de presque toute la noblesse. Par elles, l'homme plus rapproché de la nature est moins susceptible de se passionner pour des abstractions politiques ou pour de vaines distinctions sociales. Il faut ajouter que nulle part peut-être les excès de la révolution n'ont fait moins de victimes : en sorte que la lutte n'existe guère ici qu'entre des prétentions et des principes; le sang n'a point marqué entre les partis une limite que rien n'efface.

Nous n'étions qu'à quelques lieues d'Yvetot, je crus ne pouvoir me dispenser de visiter cette ancienne capitale du plus petit royaume du monde. D'ailleurs j'en avais en quelque sorte pris l'engagement avec le chantre du *bon petit roi*. En vain Léon m'assura-t-il que je n'y trouverais pas le moindre monument, le moindre indice qui pût répandre quelque lumière sur son origine long-temps débattue parmi les savants, et sur laquelle ils sont encore loin de tomber d'accord : je ne voulus pas quitter la Normandie sans avoir enjambé le royaume d'Yvetot.

Selon Robert Gaguin, Clotaire, fils de Clovis, avait pour chambellan un certain Gaultier, seigneur d'Yvetot, et de plus, homme d'un courage et d'une probité à toute épreuve, excepté pourtant à celle de la haine et de la calomnie des courtisans, puisqu'ils parvinrent à abuser tellement le roi sur son compte que ce prince résolut de le faire périr. Gaultier, averti du danger qui le menaçait, quitta la cour et alla combattre les ennemis de la foi.

Après dix ans d'exil et d'exploits, persuadé que Clotaire avait dû calmer son ressentiment, Gaultier résolut de retourner dans sa patrie. Auparavant il se rendit en cour de Rome, et pria le pape Agapet d'interposer ses bons offices auprès du roi de France pour le faire rentrer en grace. Le pape lui donna les lettres les plus pressantes, et Gaultier se mit en route pour Soissons, résidence ordinaire de son souverain. Il arriva précisément le vendredi-saint de l'an de grace 536. Le roi était à l'office; Gaultier crut la circonstance favorable, et, pensant que le prince ne pourrait pas lui refuser son pardon le jour où le Sauveur du monde était mort pour obtenir celui de tous les hommes, il courut se jeter à ses pieds dans l'église même. Mais les rois ne sont pas toujours aussi cléments que le Dieu dont ils se disent l'image sur la terre; celui-ci passa son épée au travers du corps de son chambellan. Le pape, instruit de cet assassinat, commis dans le lieu saint, et au mépris de ses recommandations, menaça le souverain des foudres de l'Église; et Clotaire, pour les détourner, ne trouva rien de mieux à faire que d'ériger en royaume la ville et le territoire d'Yvetot, en faveur des descendants de sa victime.

Il est fâcheux qu'il ne manque que la vérité historique à ce petit conte tout-à-fait moral, et que l'abbé de Vertot, qui était du pays (il naquit au château de Bennetot), ait démontré que jamais Yvetot n'a été sous la dépendance de Clotaire, et que le pape Agapet ne fut pas son contemporain. J'aurais aimé à trouver un royaume érigé en réparation d'une odieuse ingratitude ; il y en a tant qui n'ont été créés que pour consacrer une grande injustice.

« Malgré les nuages qui enveloppent l'origine première du roi d'Yvetot, me dit Léon, et malgré l'impossibilité où sont les historiens d'assigner la cause précise de la création de cet état dans l'état, il n'est pas moins constant que les seigneurs d'Yvetot sont qualifiés du titre de *roi* dans un édit de la couronne de France, daté de 1392, et conservé dans les archives de l'échiquier de Normandie. Un poëte normand a dit aussi dans le quinzième siècle,

> Au noble pays de Caux
> Y a quatre abbayes royaux,
> Six prieurez couventuaux,
> Et six barons de grand aloi,
> Quatre comtes, trois ducs, un roi.

Enfin un mot de Henri IV confirme cette double autorité. En effet, lors du couronnement de Marie de Médicis, ce prince, apercevant parmi les personnes attirées à la cour par cette cérémonie *Martin du Bellay*, seigneur d'Yvetot, il dit avec cette gaieté et cette grace qui le caractérisaient, si l'on peut se servir de cette expression qui ne caractérise plus rien : *Je veux que l'on donne une place honorable à mon petit roi d'Yvetot selon la qualité et le rang qu'il doit avoir.*

« Il paraît, au reste, que c'est à la nécessité d'offrir au commerce un coin de terre où il pût se livrer en liberté à ses transactions, qu'Yvetot a dû son indépendance.

« C'était dans ses murs affranchis de tous les impôts et de tous les droits qui pesaient sur le reste du royaume que les négociants d'Espagne et de Portugal venaient, dès le quatorzième siècle, échanger contre les productions de la France les marchandises que leurs vaisseaux apportaient jusqu'à *Harfleur*.

« Il n'a fallu rien moins que ces avantages pour faire d'Yvetot, c'est-à-dire d'une bourgade perdue au milieu des terres et privée d'eau, une des villes de ce département les plus remarquables par son industrie et ses richesses. La révolution, qui a porté atteinte à la prospérité de plusieurs villes privilégiées, a été pour Yvetot l'époque d'une nouvelle splendeur. Fille de l'indépendance, cette petite ville semble s'être accrue avec elle; elle n'est déchue que dans la hiérarchie politique. Yvetot n'est plus aujourd'hui que le chef-lieu d'une modeste sous-préfecture; cette ville peut s'en consoler en songeant que les limites de son arrondissement sont vingt fois plus étendues que ne l'étaient celles de son royaume. »

Les produits des fabriques d'Yvetot consistent sur-tout en siamoise, en toile de lin, de coton, et en mousseline. C'est dans cette ville que sont nés MM. *Chape*, les ingénieux inventeurs du télégraphe ; je ne suis pas certain d'en pouvoir dire autant de M. *Camille d'Albon*, connu dans le monde par quelques ouvrages légers et des *Essais politiques sur la Hollande et la Suisse*, et parmi les gens de lettres par sa jolie maison de Franconville où il se plaisait à les réunir. Au reste, s'il n'appartient pas à Yvetot par sa naissance, il lui appartient au moins par son nom et par ses titres, car c'est lui qui a fermé la liste des rois d'Yvetot.

Nous retournions à Bolbec, et nous étions tout au plus à une lieue d'Yvetot, lorsque Léon m'engagea à le suivre à quelque distance de la grande route, pour nous rendre jusqu'à *Allouville*, petit village qui la borde. « Les étrangers, me dit-il, sont attirés ici par un phénomène de longévité végétale dont on trouverait difficilement peut-être un second exemple en France. C'est un vieux chêne auquel les naturalistes et la tradition du pays ne supposent pas moins de neuf cents ans d'existence. Il a trente-quatre pieds de circonférence auprès de terre, et vingt-quatre à hauteur d'homme. Son élévation ne répond pas à sa grosseur; toute sa force végétative s'est répandue en largeur. Comme ermite, vous lui trouverez certainement un attrait particulier, car on a creusé dans sa partie supérieure une petite chambre garnie d'une couche taillée dans le bois; c'est un asile destiné à un anachorète. Dans les cavités du rez-de-chaussée on a établi une chapelle consacrée à la Vierge, et dans laquelle on célèbre l'office à certains jours de l'année; enfin on a figuré avec sa cime un petit clocher que surmonte une croix en fer. »

Nous arrivâmes bientôt à Allouville, et nous cherchâmes le vieux chêne. Il est dans le cimetière du village; nous nous assîmes sous cet ombrage tant de fois détruit, et tant de fois renouvelé aux dépens des nombreuses générations qui dorment alentour, et nous rêvâmes à la grandeur de la nature et à la misère de l'homme.

En retournant à Bolbec, Léon me fit remarquer le village de *Lintot*, patrie d'*Isaac Larrey*, que la révocation de l'édit de Nantes enleva au barreau dont tout annonçait qu'il eût été la lumière et l'honneur. Réfugié en Hollande et ensuite à Berlin, il charma son exil en écrivant plusieurs histoires fort estimées. C'est peut-être pour venger ses coreligionnaires de l'auteur de tous leurs maux qu'il entreprit l'histoire de Louis XIV. L'impartialité n'a pas toujours guidé sa plume dans cette circonstance. Au reste, si ce défaut est quelquefois excusable, c'est sans doute de la part de la victime en appelant des injustices et des persécutions de ses oppresseurs au seul juge à qui elle puisse s'adresser sur la terre, à la postérité.

Nous n'avons fait que traverser Bolbec pour nous rendre de suite à *Harfleur*. Léon était porteur d'une lettre d'introduction auprès de M. V***, qui nous offrit le modèle d'un de ces philosophes pratiques dont les exemples sont aussi rares que les leçons sont profitables.

« Si on excepte la flèche de l'église paroissiale qui est, comme vous l'aurez remarqué sans doute, un morceau précieux d'architecture normande, et les restes encore imposants de nos fortifications, nous dit M. V*** après les compliments d'usage, cette ville n'offre actuellement rien qui soit propre à exciter votre curiosité ; mais je ne vous ferai pas l'injure de supposer que vous soyez de ces hommes pour qui des malheurs non mérités soient sans intérêt et des souvenirs glorieux sans charmes. Sous ce double rapport Harfleur n'a que des droits trop incontestables à votre attention. Florissante jadis, cette ville, que son port rendait le centre du commerce maritime de la Normandie, en était en même temps par ses fortifications un des principaux boulevarts; mais les guerres étrangères, les guerres de religion, la fondation du Havre, et par-dessus tout la révocation de l'édit de Nantes, calamité publique dont après tant d'années on retrouve à chaque pas les traces dans ces industrieuses contrées, ont successivement contribué à l'anéantir. Il n'est pas jusqu'à la nature qui, complice de la fortune, ne semble avoir voulu aussi la déshériter des avantages qu'elle lui avait prodigués d'abord. Jusqu'au commencement du seizième siècle, Harfleur a vu ses murs baignés par la Seine; mais depuis ce fleuve s'en est chaque jour éloigné davantage, et une demi-lieue de marais l'en sépare aujourd'hui. »

La modestie de M. V*** ne lui permit pas de nous dire que c'est par ses soins et pendant les honorables travaux d'une administration dont il a été, comme tant d'autres, récompensé par une destitution, qu'une partie de ces marais infects et improductifs a été conquise à la culture et métamorphosée en jardins agréables et en fertiles prairies.

« Les flammes de quelques barques de pêcheurs qui viennent chercher un abri à l'embouchure de *la Lézarde*, continua-t-il, nous rappellent seules que nos aïeux ont vu long-temps flotter sous ces murs les pavillons d'Espagne et de Portugal; au reste, je chercherais moins à appeler votre intérêt sur l'état de décadence auquel est réduite cette ville, si ses infortunés habitants n'avaient pas tour-à-tour opposé aux coups de l'adversité qui les accablait tout ce que l'industrie peut fournir de ressources, et tout ce que le patriotisme peut inspirer de courage.

« Je ne vous en citerai pour exemple que leur conduite à l'égard des Anglais qui les traitèrent sous Henri V avec cette barbarie et ce mépris du droit des gens, qui forment le caractère distinctif de la politique de cette nation. Ce prince, s'étant rendu maître d'Harfleur en 1415, imagina, pour s'en assurer à jamais la conquête, d'en bannir les habitants, et de les remplacer par une colonie anglaise. En conséquence, toutes les maisons de la ville furent déclarées la propriété du vainqueur, et seize cents familles, à qui on ne permit d'emporter qu'une partie de leurs vêtements et cinq sous par tête, furent exilées le même jour à Calais, après avoir vu brûler sur la place publique leurs chartres et leurs titres de propriété. Quelques unes obtinrent de se soustraire au bannissement, à condition qu'elles ne pourraient jamais acquérir ni hériter. Notez qu'avant d'annoncer et d'exécuter cet acte de barbarie, dont la féroce politique de Sparte offre seule un modèle, le bon roi avait été processionnellement, pieds nus et un cierge au poing, depuis la porte de la ville jusqu'à l'église paroissiale, *pour rendre grace à Dieu de sa noble entreprise.*

« Vingt ans se passèrent dans cet état d'humiliation et de malheur ; mais le feu sacré que l'amour de la patrie allume au fond des cœurs, et que la cruauté des tyrans y conserve, n'était point encore éteint dans ceux des habitants d'Harfleur. Cent quatre d'entre eux osèrent former le projet d'affranchir leur ville du joug de ses odieux vainqueurs. Des intelligences furent adroitement ménagées avec quelques milices des environs; elles s'approchèrent à la faveur des ombres de la nuit, et le point du jour fut le signal d'une attaque que couronna bientôt le plus heureux succès. On eût dû élever des statues à ces courageux citoyens ; mais je ne puis même offrir à votre admiration un seul de ces noms glorieux que l'histoire ne nous a pas transmis. Pendant deux siècles cependant on sonna chaque matin, à l'heure même de l'assaut, cent quatre coups de cloche en mémoire de cette belle action et du nombre de ceux qui y avaient pris part.

« Personne, dis-je à M. V***, n'est moins partisan que moi de tout ce qui peut nourrir entre deux nations ces haines souvent aussi absurdes dans leurs motifs qu'elles sont terribles dans leurs résultats; mais en même temps j'aime qu'un peuple conserve religieusement les souvenirs de sa gloire, et ne néglige rien de ce qui peut donner de l'essor à son patriotisme : aussi vous avouerai-je que, malgré mon antipathie pour tout ce qui est ancien, j'applaudirais de grand cœur à la renaissance de ce vieil usage, et que je serais le premier à donner le branle aux *cent quatre coups de cloche*.—Espérons, me répondit M. V***, que les gens qui ont mis tant d'empressement à rétablir la ridicule mascarade de *la Scie*, créée pour la plus grande gloire d'une seule famille, n'en mettront pas moins à faire revivre une coutume toute nationale. »

Pour compléter les titres de sa patrie à l'attention publique, M. V*** me pria de prendre note du nom du capitaine *Gonneville*, célèbre marin du 15ᵉ siècle, à qui l'on doit la découverte d'une partie de terres australes, et de celui de *Thomas Dufour*, parmi les œuvres dévotes duquel on remarque une paraphrase du *Cantique des Cantiques*, que les vers de Voltaire ont fait oublier. Notre complaisant *cicerone* s'empressa ensuite de nous conduire sur une colline charmante qui avoisine *Harfleur*, et d'où cette ville se présente sous un aspect assez pittoresque pour avoir attiré les regards et exercé les pinceaux de notre célèbre paysagiste *Bourgeois*. Il nous montra aussi, dans le lointain, la pointé du *Hoc*, petit promontoire sous lequel les navires qui manquent leur entrée au Havre viennent chercher un refuge, quelquefois rendu peu sûr par les bancs de sable que forment en cet endroit les vents de

S. S. O. C'est là que *le Rouen,* vaisseau de ligne de soixante-dix canons, échoua et s'abyma dans le siécle dernier. M. V*** se rappelait avoir vu dans son enfance l'extrémité du grand mât de ce bâtiment qui paraissait encore au-dessus des eaux, signal funeste et parlant qui, pendant vingt années, avertit les navigateurs de fuir le même écueil.

N° CLXI. [24 AOUT 1823.]

LE HAVRE.

> Le trident de Neptune est le sceptre du monde.
> LEMIERRE.

« Il y a beaucoup de gens, me dit Léon, qui ne peuvent supporter l'idée d'une fortune récente ou d'une gloire moderne. C'est peut-être à ce préjugé, qui a repris depuis peu tant d'empire, qu'il faut attribuer l'empressement de quelques hommes nouveaux à se rattacher aux hommes anciens, au moins par un fil quelque délié qu'il soit. Après tout, il ne me paraît pas étonnant qu'aussitôt qu'il s'agit de flatter l'opulence et le pouvoir, il se rencontre des généalogistes prêts à évoquer de leurs cartons ou de leurs cerveaux une longue file de nobles aïeux. Un fait incertain, une légère analogie dans l'orthographe ou dans la consonnance des noms, suffisent pour enter le rejeton le plus vulgaire sur la souche la plus gothique; mais ce qui est le plus difficile à concevoir c'est qu'il se trouve des historiens qui croient de leur devoir de traiter les villes comme de sots parvenus. Ils penseraient n'avoir pas bien mérité de celles dont ils entreprennent les annales, s'ils ne s'efforçaient d'en faire remonter la fondation aux époques les plus reculées, et si, au lieu de répandre quelque lumière autour de leur berceau, ils ne le repoussaient au contraire dans la nuit des temps. Qui pourrait s'imaginer, par exemple, que le *Havre*, dont il est prouvé que le sol n'existait pas même au commencement du quinzième siècle, ait eu des historiens assez intrépides pour en faire une ville qui florissait à l'époque de la conquête des Gaules ; selon les uns, qui oublient sans doute les prétentions du petit village d'*Yport*, ce devait être l'*Itius-Portus*, selon d'autres le *Caracotinum* de l'itinéraire d'Antonin. Ceux-là, moins audacieux, se contentent d'en faire un camp de Jules César, dernier retranchement des antiquaires qui ne peuvent tenir position où ils se sont témérairement avancés.

Une vallée riante de deux lieues d'étendue environ sépare Harfleur et le Havre ; la grande route en suit les bords unis et faciles. Quand Léon ne m'aurait pas averti que nous foulions un sol qui ne compte guère plus de trois siècles d'existence, je l'aurais aisément reconnu pour une terre vierge à l'abondante fécondité des pâturages et des moissons qui le couvrent et au luxe de son active végétation. Le Havre, situé à l'extrémité de cette vallée, paraît s'en détacher et sortir du sein des eaux sur lesquelles il a été conquis. La forêt de mâts, qui s'élève de ses bassins, l'annonce de loin aux regards.

Je note en passant le nom du village de *Graville*, digne d'intérêt par les ruines de son ancienne abbaye ; j'en ferai le but d'une promenade particulière. Les eaux de la Seine, éloignées maintenant de deux lieues des coteaux de Graville, en baignaient jadis le pied, et on remarque encore dans les murs inférieurs de son château d'énormes anneaux de fer auxquels on amarrait les bâtiments. Les jardins et les pavillons d'*Ingouville* sont élevés sur un amphithéâtre trop escarpé pour que nous puissions jouir du riche spectacle qu'ils étalent au-dessus de nos têtes. Ce n'est qu'après avoir longé pendant plus d'une demi-lieue ce populeux faubourg, que nous entrons enfin dans le Havre.

Nous sommes descendus à *l'hôtel de France* que nous avait recommandé M. V***. C'est d'ailleurs une enseigne à laquelle, même à présent, j'aime à donner la préférence.

Nous avons profité des derniers instants du jour qui commençait à baisser pour jeter un premier coup d'œil sur le port tout près duquel nous sommes logés, et sur les deux jetées qui en forment l'entrée. La jetée du nord, la plus fréquentée par les promeneurs, est défendue vers la ville par une tour,

connue sous le nom de *tour de François I*^{er}, qui
l'a fondée. Elle n'est pas moins fameuse dans les
annales du Havre par le siége qu'y soutint, du temps
d'Henri III, un soldat, qui avait à redouter le
châtiment de quelques excès dont il s'était rendu
coupable. Il fallut en venir à donner au rebelle
un assaut dans lequel il soutint l'effort de toute
la garnison et de plus de mille bourgeois qui s'y
étaient réunis. Enfin il fut atteint d'un coup de
pistolet qui termina ce singulier fait d'armes. Cette
tour ne sert plus aujourd'hui que d'ornement à la
ville ; c'est le rendez-vous des négociants qui vont à
la découverte des vaisseaux qu'ils attendent, et des
étrangers qui n'y viennent chercher qu'un vaste et
magnifique point de vue.

Il était nuit close quand nous quittâmes la jetée,
et il nous fallut remettre au lendemain nos courses
dans la ville. Je n'en ai point encore rencontré qui
présente autant de traits de ressemblance avec Paris.
Je n'étais pas sorti de ma chambre que j'en avais
conçu cette idée. Au roulement des voitures, à la
rumeur des rues, qui m'avaient tiré du sommeil
profond où m'avait plongé la fatigue de la veille,
j'avais cru me réveiller dans *la ville de bruit et de
fumée*. La similitude me parut plus frappante encore lorsqu'en ouvrant ma croisée je découvris cette
grande et belle rue, qui a pris le nom de la capitale,
vers laquelle elle conduit, et qu'en élevant mes

regards j'aperçus les coteaux d'Ingouville, qui s'offrent en perspective, à-peu-près comme les hauteurs de Montmartre, dans la plupart des rues de la Chaussée-d'Antin. Le nombre des équipages, l'élévation des maisons, le luxe des boutiques, la multitude et l'empressement des passants, tout concourait à augmenter en moi une illusion dont je ne fus tiré que par les cris perçants des haras, les impertinentes apostrophes des perroquets, et les gambades des singes de toute espèce que l'on trouve ici en possession de toutes les croisées.

Un beau rayon de soleil, qui avait pénétré dans la rue et qui rappelait sans doute le soleil natal à tous ces habitants des tropiques, avait été le signal du vacarme qui m'avertit que je me trouvais dans le port de mer le plus actif de France. Léon, qui entra, m'en avertit aussi en gourmandant ma paresse et en me rappelant que nous avions à visiter les bassins, la citadelle, les constructions de la nouvelle salle de spectacle, le prétoire et l'église de Notre-Dame. Je me hâtai de m'habiller, et pour doubler l'emploi du temps, j'adressai à mon jeune ami quelques questions sur l'histoire du Havre, auxquelles il répondit à-peu-près en ces termes :

« Je ne sais quel philosophe d'Orient a dit qu'il y avait bien peu d'infortunes qui ne fissent rire quelqu'un. Cette triste vérité, qui trouve de si fréquentes applications dans ce bas monde, pourrait servir d'épigraphe à l'histoire de la fondation du Havre, et peut-être même à celle de sa prospérité présente. C'est à l'état de détresse et d'abandon où sont réduits presque tous les autres ports de France que le Havre doit son activité et son opulence actuelles. C'est à la ruine d'Harfleur qu'il a dû son origine.

« Les sables mouvants qui obstruent l'embouchure de la Seine, ayant comblé le port de cette ancienne ville, dans le cours du quinzième siècle, on sentit de quelle importance il était d'en créer un nouveau qui offrît à-la-fois un refuge assuré aux vaisseaux de guerre et aux bâtiments de commerce, et qui commandât l'entrée d'un fleuve à la faveur duquel les Anglais avaient si souvent pénétré jusqu'au sein du royaume. Un duc d'Orléans, devenu roi, et l'un des meilleurs rois qui aient gouverné la France, Louis XII, conçut le premier ce projet utile, qui ne reçut son exécution que sous François Ier. Ce prince chargea l'amiral Bonivet d'examiner de nouveau ces parages. Une langue de terre, mobile encore, et qui n'offrait que quelques cabanes de pêcheurs disséminées autour d'une grande crique, où leurs barques trouvaient un abri sûr, fut le point où l'on résolut d'établir le nouveau Havre.

« La première pierre en fut posée en 1516. Le fondateur voulut essayer de donner son nom à la ville qui s'élevait sous ses auspices; mais les courtisans adoptèrent seuls la qualification de *Françoisville*, que le roi lui avait imposée. Les matelots, qui avaient élevé à *l'étoile de la mer*, à *la reine des cieux* une petite chapelle, couverte en chaume, sous l'invocation de *Notre-Dame de Grace,* préférèrent le patronage des puissances célestes à celui des puissances de la terre ; ils appelèrent la ville *Havre-de-Grace,* et la volonté du peuple encore cette fois l'emporta sur celle du prince.

« Ce n'est pas sans d'immenses travaux que l'on est parvenu à disputer à la mer le sol d'alluvion sur lequel le Havre est assis. Deux fois même ce redoutable élément faillit reprendre ce qu'il n'avait cédé qu'à regret aux efforts de l'homme.

« Quoi qu'il en soit, le Havre répara bientôt les pertes qu'il avait essuyées, et l'Angleterre ne vit pas sans alarmes sortir de ses rades, en 1544, une flotte considérable qui la contraignit à la paix. Jusque-là on n'avait guère parlé du Havre qu'à l'occasion de la *grande Nau française* qui figure dans Rabelais, et dont on aurait pu croire qu'il avait été l'ingénieur, si les mémoires contemporains ne nous apprenaient que cette immense caraque avait été construite par ordre exprès du roi. Elle renfermait un jeu de paume, une forge, et une chapelle dédiée à saint François. François Ier avait destiné ce vaisseau d'une dimension vraiment pantagruélique à porter l'épouvante jusqu'au sein de l'empire ottoman ; il ne put pas même gagner la pleine mer, et pourrit dans le port où il avait échoué.

« Devenu par les accroissements qu'il reçut des successeurs de François Ier un des boulevarts les plus importants du royaume, le Havre fut choisi par la reine Élisabeth comme le prix le plus précieux et la garantie la plus sûre des secours qu'elle consentit à accorder aux protestants, persécutés par Charles IX; car dans nos déplorables annales, c'est le crime de presque tous les partis vaincus de recourir dans leur détresse à l'étranger. Celui des princes de Condé qui partagea alors cette erreur, commune à plusieurs des membres de sa maison, se hâta du moins de la réparer, et, par une de ces anomalies si fréquentes dans les temps de trouble et de révolution, on le vit concourir avec l'armée royale à chasser du Havre les Anglais auxquels il l'avait livré quelques mois auparavant. Warwick, qui était enfermé dans la place avec six mille hommes de troupes choisies, capitula après la plus honorable résistance. Pour conserver des titres de leur occupation, les Anglais enlevèrent, en se retirant, les actes notariés qui se trouvaient au Havre. Ils sont déposés à la tour de Londres, où les habitants du Havre sont obligés d'aller les consulter lorsque leurs intérêts l'exigent.

« Afin de mettre désormais la place à l'abri d'un coup de main, on construisit au Havre une citadelle qui fut rasée sous Louis XIII pour être rebâtie sur un nouveau plan, d'après les ordres et aux dépens du cardinal-roi, qui s'en fit nommer gouverneur. Pour que personne ne doutât de sa souveraineté, il fit sculpter sur les portes son chapeau de prince de l'église romaine, à la place qu'auraient dû occuper les armes de France. Quelques historiens ont prétendu que cette citadelle était un refuge qu'il avait voulu s'assurer dans le cas où il eût été obligé de céder devant les adversaires de son pouvoir tyrannique; mais la *journée des dupes* rendit cette précaution inutile. Cette même citadelle fut aussi le théâtre de la puissance d'un autre cardinal, de Mazarin, qui y retint les princes de Condé, de Conti, et le duc de Longueville, leur beau-frère. On y voit encore le logement qui fut occupé par ces illustres et turbulents prisonniers.

Le Havre essuya en 1694 de la part de la flotte anglaise un bombardement dont les faibles résultats ne justifièrent heureusement pas la jactance de la médaille que les Hollandais frappèrent à cette occasion; cette légende latine exprimait que *le port du Havre avait été brûlé et renversé*. Cette ville, bombardée de nouveau en 1759, et plusieurs fois dans la dernière guerre, n'a jamais éprouvé de dommages importants, malgré les progrès incontestables faits par les Anglais dans l'art des incendiaires. »

Nous venons de visiter l'église de Notre-Dame, qui s'est d'abord offerte à nos regards ; elle ne mérite guère d'être remarquée qu'à cause de la manière ingénieuse dont fut redressé son portail, qui s'était incliné de vingt-deux pouces sur la grande rue. On parlait déja de le détruire, quand un simple maçon, nommé *Erouard*, osa tenter de le remettre d'aplomb. Il creusa d'abord sous les fondements, du côté de l'église, des fosses dont la profondeur était calculée avec l'inclinaison du bâtiment, et ensuite, à l'aide des coins chassés entre les piédestaux et les colonnes, il ébranla la masse du portail, qui se redressa de lui-même en s'affaissant dans les fosses préparées sous ses bases. Il est fâcheux que son portail, qui ne manque point d'élégance, ne soit point achevé. Les chapiteaux et les embases des colonnes sont encore à sculpter. Cependant, s'il faut en croire quelques personnes versées dans les archives du Havre, MM. les marguilliers jouissent depuis 1603 d'une pension de mille deux cents francs, qui ne leur a été accordée par Henri IV qu'à la condition expresse de terminer cette église ; mais on ajoute que, comme ces messieurs craignaient qu'on ne supprimât la pension après l'achèvement du temple, ils ont résolu d'en laisser à perpétuité cette partie importante dans l'état d'imperfection où on la voit encore aujourd'hui.

Le palais de justice, que l'on appelait autrefois

le *Prétoire*, occupe le fond de la place du marché. L'architecture en est simple et de bon goût. La salle de spectacle, que l'on construit en face du *bassin d'Ingouville*, et qui n'est pas encore achevée, sera sans doute une des plus élégantes de France. M. *Cicéri* est chargé des décorations, et M. *Casimir Delavigne*, que le Havre a vu naître, doit faire le prologue d'ouverture [1].

« J'ai entendu, me dit Léon, blâmer le choix de l'emplacement où l'on a élevé le théâtre. On craint qu'il ne devienne par la suite un obstacle à l'exécution d'un plan formé à une époque où l'on ne reculait pas devant les projets les plus vastes. Ce projet était d'entourer le Havre d'une ceinture de bassins, en en créant de nouveaux depuis le bassin d'Ingouville jusqu'à la mer, du côté de Saint-Adresse, en sorte que les vaisseaux entrés par le port actuel seraient sortis à l'autre extrémité de la ville. Certaines gens qui ne veulent adopter que les idées qui ont six ans ou six siècles de date, ont repoussé ce projet sous le chimérique prétexte du danger des inondations. Il est bon de le consigner quelque part, de peur qu'on n'en perde jusqu'au souvenir. Au reste, si jamais notre marine et la prospérité commerciale de la France exigeaient l'agrandissement du port du

---

[1] L'architecte, le décorateur et le poète ont tenu ce qu'ils avaient promis.

Havre, je ne crois pas que la salle de spectacle y apportât le moindre empêchement; rien ne serait plus facile que de l'isoler au centre d'un nouveau bassin, et d'en ménager l'accès à l'aide de ces ponts tournants dont il existe déjà plus d'un beau modèle au Havre. »

En quittant le théâtre nous avons fait le tour des bassins; celui d'Ingouville, par lequel nous avons commencé, sera un des plus beaux de l'Europe, si l'administration exige que l'on élève sur un plan uniforme et régulier les vastes magasins et les brillants hôtels dont on se propose de garnir ses quais. Nous avons longé ensuite les bords du *bassin de la Barre*, de celui *du Roi*, et de cette magnifique retenue appelée *la Floride*, dont les eaux servent à déblayer l'entrée du port.

Les bassins communiquent entre eux par le moyen d'écluses, et l'on passe d'un bord à l'autre sur des ponts aussi légers que solides qui s'élèvent ou se replient à volonté. Excepté *le vieux bassin* ou *bassin du Roi*, les autres ont été ou entrepris ou achevés depuis la révolution. La perfection et l'élégance qu'on remarque dans leur construction suffiraient pour l'annoncer, quand même le nom du ministre de la marine, *Forfait*, et le millésime de l'ère républicaine, appliqués en lettres de bronze sur le parapet d'une des écluses, ne l'indiqueraient pas de la manière la plus précise. On remarque, vis-à-vis du nom du ministre, les traces d'un autre nom qu'on a cru devoir enlever; mais, quelque soin qu'on ait pris, il reste encore assez d'indices pour le reconnaître. D'ailleurs, parvînt-on à l'effacer entièrement, les habitants du Havre ne se rappelleraient pas moins que c'est grace à la sollicitude de Napoléon et aux travaux gigantesques qu'il fit exécuter au sein même de la guerre, qu'ils doivent une partie des avantages dont ils jouissent depuis la paix.

Les rois de France étaient autrefois dans l'usage de prendre possession du Havre par un voyage spécial qu'ils faisaient dans ce port. C'est un usage dont il paraît que les habitants de cette ville seraient jaloux que la tradition ne se perdît pas. « Il serait même à desirer, me dit Léon, à qui je dois cette remarque, qu'on étendît davantage cette idée. J'aimerais à voir établir, ajouta-t-il, une fête maritime, qui fût pour la France ce que la fête de l'agriculture est pour la Chine, et dont chacun de nos grands ports serait tour-à-tour le théâtre; je crois que les effets de cette solennité ne seraient pas moins féconds que ceux de l'autre en grands résultats. Ce n'est qu'en face de l'Océan, en présence de ces vaisseaux chargés du tribut des deux mondes, qu'un souverain peut se pénétrer profondément de l'influence de la marine sur le sort des états. Ce serait en voyant le Havre, naguère encore chétive résidence de quelques pêcheurs, Marseille, antique colonie des Phocéens, Toulon, inexpugnable asile de nos vaisseaux de guerre, que la gloire de Tyr, de Carthage, de Venise, sorties aussi du fond des marécages et du sein des roseaux, apparaîtrait plus brillante à son imagination. C'est là qu'il se rappellerait mieux encore que c'est dans les forces navales des nations qu'il faut aujourd'hui chercher la véritable mesure de leur puissance; qu'en tous temps, en tous lieux, elle a toujours crû ou décru avec elles; que Rome n'obtint l'empire du monde que lorsqu'elle eut conquis celui des mers; que si l'Espagne, le Portugal et la Hollande ont jeté quelque éclat sur la scène politique, c'est à leurs flottes qu'elles ont dû ce passager avantage; que c'est par elles que les États-Unis sont sortis du berceau comme Hercule; que c'est par elles enfin qu'une île, jetée aux confins de l'Europe, sous un ciel ingrat, est florissante d'industrie, gorgée de richesses et d'or, et ne voit jamais le soleil se coucher dans un des vastes pays soumis à son empire sans qu'il ne se lève aussitôt sur un autre.

« Les grands de l'état et le peuple, attirés à la suite du prince dans ces pompes maritimes, finiraient peut-être par se convaincre que toute puissance qui n'a que la terre pour base est toujours une puissance aux pieds d'argile; et peut-être arriverait-il un jour qu'un peuple, qui ne possède pas moins de côtes que de frontières, mettrait sa noble et utile ambition à faire briller son pavillon d'une auréole de gloire non moins éclatante que celle dont il a environné ses drapeaux. »

Pendant que Léon m'exposait tous les avantages de ce vœu patriotique, nous regagnâmes la place d'armes, située à l'extrémité du port, et vers laquelle il nous parut que l'élite des habitants de la ville se dirigeait avec un empressement qui excita notre inquiète curiosité. On nous apprit qu'ils se rendaient à la Bourse dont on ferme les portes à trois heures sonnant. Nous nous mêlions à la foule pour nous y introduire, quand Léon reconnut M. N***, négociant, aussi modeste qu'éclairé, qui mit la plus aimable prévenance à m'admettre en tiers dans l'intimité qui l'unit depuis l'enfance à mon jeune ami.

L'opulence actuelle du Havre, les sources dont elle découle, les différents genres de commerce auxquels on s'y livre, les nouveaux développements qu'ils seraient susceptibles de recevoir furent tour-à-tour l'objet de notre entretien et de nos discussions.

Je fus avec peine amené à conclure que rien n'est plus éphémère ni plus borné que le commerce maritime de la France. On aurait tort de juger de sa prospérité par la seule ville du Havre : pour examiner la question dans toute son étendue, il faut voir du même coup d'œil l'état d'abandon et de langueur auquel sont réduits Dunkerque, Boulogne, Dieppe, Cherbourg, Brest, Nantes, La Rochelle, Toulon, Bordeaux, et Marseille lui-même malgré ses franchises. Tout le commerce maritime de la France se fait maintenant au Havre, qui a eu le bonheur de le voir centraliser dans ses murs par les comptoirs qu'y ont établis les plus riches maisons de Paris, de Rouen, et de Bordeaux; mais si son opulence offre un spectacle imposant, quand on le considère par rapport à son étroite enceinte, on est contraint d'avouer qu'elle en présente un de misère et de décadence, quand on le considère par rapport à l'ensemble de la France; ce serait une discussion trop vaste pour l'étendue de nos cadres légers que celle des causes de cette détresse commerciale. D'ailleurs ne serait-elle pas inutile en présence de cabinets qui, après avoir lancé toutes les foudres de leur réprobation contre cette maxime politique : *Périssent les colonies plutôt qu'un principe!* l'ont cependant adoptée à leur tour, en disant : *Périssent le commerce et l'industrie nationale plutôt que le principe de la dépendance des colonies.*

M. N*** voulut bien me désigner les chefs des principales maisons du Havre à mesure qu'ils passaient devant nous, et il m'indiqua, comme dignes d'être placés au premier rang, les noms de MM. *Hottinguer, Martin Lafitte,* de la maison *Lafitte* de Paris, de M. *Delaroche,* un des honorables députés de la Seine-Inférieure et associé de M. *Delessert*, et ceux de MM. *Thuret, Green, Begouin, Homberg, Quesnel, Foache, Balguerie, du Roveray, d'Ivernois, Eyriès* frères, *Oppermann* et *Mandrot*.

La clôture de la bourse nous sépara de l'estimable négociant qui avait mis tant de complaisance à diriger nos observations, et nous rentrâmes à l'hôtel pour les recueillir.

Notre seconde journée a été consacrée à visiter les phares, les fortifications, et la citadelle du Havre; une invitation à dîner de M. N*** nous a appelés le soir à Ingouville. Le matin nous avons déjeuné au parc aux huîtres.

Un naturaliste du Havre, le savant abbé Dicquemarre, avait, dit-on, formé le projet d'établir au Havre une ménagerie marine. De larges bassins, accessibles aux eaux de la mer, eussent renfermé les grands poissons pendant que les rochers et les petites baies, qui en auraient entouré les bords, eussent offert des retraites mieux appropriées aux espèces de moindre proportion, et à tous les coquillages qu'on y aurait apportés des plus lointains climats. Louis XVI avait approuvé cette idée, à laquelle j'ai regretté plus vivement qu'on ne revînt pas en parcourant le parc aux huîtres nouvellement créé au Havre. On a le plaisir d'y examiner avec détail de quelle manière ce poisson vit et se conserve pour nos tables.

Du parc nous nous sommes rendus à la citadelle, dont j'ai déja eu l'occasion d'indiquer l'origine. On fait honneur de sa construction au chevalier Deville.

Les fortifications de la ville, auxquelles Vauban a mis la dernière main, présentent une bonne enceinte protégée par quatre bastions et plusieurs demi-lunes; elles sont aussi entourées de fossés profonds qu'on peut inonder à volonté.

Ce n'est pas sans peine que j'ai gravi les falaises sur le sommet desquelles les phares sont élevés; mais on peut acheter un peu cher la vue du magnifique tableau qui de là se déroule aux regards. Le gardien, qui dirigeait notre attention sur toutes ces merveilles, nous fit sur-tout remarquer le *cap de la Hève,* ou de *Chef-de-Caux,* qui formait autrefois un promontoire dont on prétend que l'extrémité la plus saillante reposait sur le *banc de l'Éclat,* situé aujourd'hui à plus d'une demi-lieue en mer. Selon les conjectures des naturalistes, le terrain, neuf encore, sur lequel le Havre repose, a été formé en grande partie par les débris de ce cap.

Rien n'est plus riant ou plus majestueux tour-à-tour que les sites des environs du Havre, soit que, tourné du côté de la terre, on arrête ses regards sur *la vallée de Leure,* sur le hameau de *Notre-Dame-des-Neiges,* et sur les coteaux de *Graville* ou *d'Ingouville,* soit que, les reportant du côté de la mer et de l'embouchure de la Seine, on cherche à l'horizon des points de vue plus vastes et toujours agréablement variés par des devants disposés de la manière la plus heureuse. L'église et les ruines de l'abbaye de Graville ont fourni aux auteurs du voyage romantique plusieurs lithographies de l'effet le plus mélancolique. Ils ont fidèlement reproduit l'impression que l'on éprouve sur les lieux mêmes. Les coteaux d'Ingouville réveillent des idées contraires; tout respire dans les élégants pavillons qui les couvrent, l'opulence et la prospérité. On sent que ce doit être le séjour de l'homme dans toute la plénitude de la vie et du bonheur.

N° CLXII. [1ᵉʳ SEPTEMBRE 1823.]

ALINE,

OU

LA SULTANE VALIDÉ.

> . . . . Céder à son malheur
> Est l'effet d'une ame commune.
> Modeste au sein de la grandeur,
> Tranquille et fier dans l'infortune,
> C'est à ces traits qu'on connaît un grand cœur.
>
> *Les Trois Sultanes*, acte III, scène v.

« Je ne sais par quel injuste préjugé, me dit M. N***, quelques écrivains ont reproché aux Havrais de n'avoir ni goût ni aptitude pour les sciences et les arts. Je ne me dissimule point qu'on accuse l'esprit des affaires d'étouffer tous les autres esprits. Je ne veux point examiner cette opinion, qui s'est probablement accréditée en même temps que celle qui veut que l'on déroge par le commerce; mais il me semble que le temps présent offre d'assez fortes preuves pour repousser cette ridicule imputation.

Le Havre a été le berceau de *Bernardin de Saint-Pierre*, le seul prosateur qui puisse consoler la France de n'avoir pas vu naître Rousseau; les précoces et éclatants succès de M. *Casimir Delavigne* dans nos académies et sur nos théâtres, promettent aussi un poëte qui déposera plus d'un laurier au pied de sa patrie. Dans un genre plus léger, nous pouvons nous prévaloir du collaborateur de *la Somnambule*, et auprès des esprits solides, de M. *Levée*, estimable traducteur des *OEuvres de Cicéron*.

« Quant au passé, il faut avoir égard à notre origine toute récente. Cependant, quoique nos mémoires biographiques ne soient pas encore bien volumineux, il est peu de genres dans lesquels le Havre ne puisse offrir le tribut de quelque nom remarquable. *Scudéry* et sa sœur sont les premiers qui aient commencé notre réputation littéraire, mieux soutenue, j'en conviens, dans la postérité, par les deux petits romans de madame *Lafayette* que par *le grand Cyrus* et *l'illustre Bassa*.

« Dans une science où le talent a peu de juges parmi les Français, nous présentons *d'Après de Mannevillete*, duquel l'anglais Darlympe a dit qu'aucune nation n'a eu d'hydrographe qui puisse lui être comparé; il est auteur du *Neptune oriental* en soixante-dix-sept cartes, et du *Routier des Indes*.

« La géographie doit au navigateur *Dubocage de Bléville* la découverte de plusieurs îles; et les limites de l'histoire naturelle ont été reculées par l'abbé *Dicquemarre*, aussi bien que par l'habile dessinateur *Lesueur*. Ce dernier, associé au voyage fait en l'an 9 aux Terres australes par la corvette *le Géographe*, a rapporté les dessins de plus de mille animaux sans vertèbres entièrement inconnus jusque-là.

« Quelques Havrais ont mérité d'être cités avec distinction parmi les orateurs chrétiens. Le premier est l'abbé *Cassé*, fameux sous Louis XIV par ses conférences à Saint-Sulpice, et cependant il ne devint pour cela ni évêque, ni académicien, ni chef de l'université; *Pleuvry*, qui, après avoir été prédicateur de la cour, occupa ses dernières années à composer une *Histoire du Havre*, la meilleure et la plus complète que nous ayons; et *Grainville*, qui abandonna la chaire de vérité, où il s'était distingué d'abord, pour sacrifier aux muses. Il a composé une comédie inédite intitulée : *Le Jugement de Pâris; le Dernier homme*, poëme en prose, imprimé depuis sa mort, est une conception d'une imagination peu réglée, mais ardente et forte au plus haut degré.

« Le ciseau de notre compatriote *Beauvallet* a enrichi le palais de Compiégne d'un grand nombre de morceaux très remarquables. La statue de Sully, placée, pendant le régime impérial, sur l'escalier extérieur de la chambre des députés, et celle de

Barnave, exilée depuis du pérystile de la chambre des pairs, sont également son ouvrage.

« On peut grouper encore autour de ces noms ceux de quelques hommes dont la réputation, moins étendue, ne mérite pas cependant d'être entièrement dédaignée. Je citerai entre autres *Garet*, éditeur et annotateur de Cassiodore; *Letournois*, qui, plus occupé de mots que de pensées, entreprit un dictionnaire en sept langues; le frère *Constance*, aux ingénieuses et persévérantes observations duquel le Havre doit les fontaines d'eau douce qui coulent dans ses murs; *Hantier*, qui devina un système de perspective à une époque où on en ignorait entièrement les régles.

« Parmi nos contemporains nous avons gardé le souvenir de mademoiselle *Masson le Golft*, élève de Dicquemarre; de M. *Faure*, député à la convention nationale et auteur de quelques ouvrages sur le commerce, notamment de l'article *marine*, inséré dans l'Encyclopédie méthodique; nous nous honorons aussi d'avoir compté sous les drapeaux le capitaine *Yvon*, duquel un de nos meilleurs généraux a dit sur le champ de bataille d'Austerlitz: « Je ne « connais pas dans la grande armée de plus brave « homme qu'Yvon. »

Il était deux heures de l'après-midi que nous discutions encore les différents titres des Havrais à la célébrité; mais M. N*** nous fit remarquer que c'était le moment de nous rendre sur la jetée, où devait être réunie la plus brillante société de la ville. C'était un dimanche.

« C'est, nous dit-il pendant que nous nous y acheminions, notre promenade du matin. Le soir, le beau monde, chassé par l'air trop vif de la mer, va jouir de la fraîcheur sous les allées de *la chaussée d'Ingouville.* Là, comme à Coblentz, la foule des promeneurs circule entre deux rangées d'observateurs et d'observatrices assis. C'est ce que l'on appelle ici *passer aux verges.* »

Nous avions déja fait deux tours de jetée quand nous remarquâmes parmi les promeneurs un couple qui semblait être par son costume autant que par ses manières la représentation vivante du siècle précédent. Léon, qui est loin d'avoir autant de raisons que moi pour envisager sérieusement la vieillesse, ne put retenir un léger sourire en contemplant le vertugadin de madame D*** et la chancelière de son mari.

« Si vous saviez mieux à qui vous avez affaire, reprit M. N***, ces vénérables époux attireraient votre respect par leurs vertus, et exciteraient votre curiosité par les liens de parenté qui les ont unis à une des femmes dont la vie a offert un concours de circonstances faites pour braver les conceptions de l'imagination la plus romanesque. Pour vous en donner une idée en un mot, apprenez que vous avez devant les yeux les plus proches parents d'une sultane! »

Nous étions loin d'une pareille supposition, et nous pressâmes M. N*** de s'expliquer avec un peu plus de détail. « C'est un soin, nous dit-il, que je veux réserver à ceux qui pourront appuyer l'invraisemblance de leur récit de toutes les preuves de la vérité; » et au même instant il nous présenta à M. et madame Dub**, qui nous accueillirent avec l'aménité la plus gracieuse.

En les observant de plus près, je ne remarquai pas sans émotion qu'ils avaient conservé l'un pour l'autre les petits soins, les attentions délicates, et toute la vivacité de tendresse d'un autre âge; l'expression en était si vraie, qu'elle repoussait toute idée de ridicule. M. N*** leur expliqua le motif qui l'avait engagé à les aborder, et aussitôt madame Dub**, sans nous faire acheter sa complaisance par nos sollicitations, nous promit de nous donner à la fin de la promenade l'éclaircissement que nous desirions.

« Je ne saurais choisir, nous dit-elle en nous introduisant dans un petit boudoir entièrement meublé à l'orientale, un lieu plus convenable que celui-ci pour vous raconter l'histoire de ma nièce. Tous les objets qui nous entourent sont autant de témoins muets de la vérité des événements bien extraordinaires dont elle a été le jouet. »

Madame Dub** nous fit signe alors de nous asseoir sur un divan placé près d'elle, puis elle reprit en ces termes : « Aline Dub** est née à la Martinique vers l'an 1763. Son père, qui était le frère aîné de mon mari, possédait une des plus belles habitations de l'île. Bien qu'éloigné de sa patrie, il ne négligea rien pour que sa fille reçût une éducation plus soignée que celle qu'on était alors en usage de donner aux femmes. Les rares qualités qu'Aline avait reçues de la nature méritaient à tous égards cette exception.

« Le soleil brûlant des îles hâte le développement de toutes les facultés; à quatorze ans Aline faisait l'admiration de la colonie et l'orgueil de son père. Dans un cercle aucune femme n'égalait la vivacité de son esprit, dans un bal la grace et la légèreté de sa danse, dans un concert la douceur et la flexibilité de sa voix. Rien ne manquait au bonheur domestique de M. Dub**, qui avait aussi un fils de deux ou trois ans plus âgé qu'Aline, et dont il ne concevait pas de moindres espérances.

« L'amitié la plus vive unissait ces deux enfants. Chez Aline elle avait pris tout l'essor que la tendresse de son cœur et la chaleur de son imagination étaient susceptibles de lui communiquer; chez son frère toute la force qu'elle pouvait recevoir de la volonté la plus ferme et du courage le plus énergique. Ces qualités, indices d'un caractère supérieur, le jeune

Dub** les avait reçues de son père, qui, vers cette même époque, en donna personnellement des preuves dont l'influence fut aussi funeste sur sa propre destinée qu'imprévue sur celle de ses enfants.

« L'évasion d'un assez grand nombre de nègres qui s'étaient soustraits aux odieux traitements de quelques planteurs, avait répandu de sérieuses alarmes dans la colonie. On savait que, profitant de la faiblesse des troupes de la garnison, ils s'étaient montrés sur plusieurs points en appelant leurs compagnons d'infortune à la vengeance et à la liberté.

« Les colons sentaient vivement l'urgence d'étouffer dès le principe ces germes d'une révolte qui pouvait se communiquer de proche en proche et s'étendre avec la rapidité de l'incendie; mais il n'y avait pour la comprimer que les milices formées des habitants de l'île. M. Dub** était officier supérieur de ces troupes; il engagea les habitants à braver un danger qui ne pouvait que croître en proportion des craintes qu'il paraîtrait inspirer et à marcher droit aux fugitifs.

« Ce parti était téméraire, néanmoins le succès le couronna; mais M. Dub** en fut la victime. Atteint d'un coup de feu, il paya de ses jours le salut de la colonie. Il survécut pourtant assez de temps à sa blessure pour recevoir la croix de Saint-Louis que M. le marquis de Bouillé, alors gouverneur de la

Martinique, avait demandée pour lui. A peine en était-il décoré qu'il mourut, en recommandant ses deux enfants au gouverneur.

« Le marquis obtint pour la fille de son ancien ami une place à Saint-Cyr, et pour le fils, qui avait donné dans l'expédition où son père avait perdu la vie des preuves d'une valeur et d'un talent militaire bien précoces, le brevet d'une sous-lieutenance dans le régiment de Bouillon. Il se chargea en outre de réaliser leur fortune pour la faire passer en France. Aline et son frère furent donc embarqués sur un bâtiment marchand qui faisait voile pour Marseille, où se trouvait alors le régiment de Bouillon.

« C'est de ce moment, continua madame D***, que commence la partie romanesque des aventures de ma nièce, aventures dont je pourrais continuer le récit, si je ne préférais vous faire connaître celui qu'en a tracé l'héroïne elle-même dans une lettre adressée à une créole de ses amies qu'elle savait établie à Paris. Elle ne connaissait alors aucun des parents qu'elle avait en France.

« Sept ans s'étaient écoulés sans qu'il eût été possible de savoir quel avait été le sort du bâtiment sur lequel Aline et son frère s'étaient embarqués. Vous allez voir quelle lumière tout-à-la-fois consolante et funeste vint nous tirer de l'incertitude où nous nous trouvions. » En achevant ces mots, madame D*** ouvrit un secrétaire où se trouvait une copie de la lettre qu'elle nous avait annoncée, et dont elle engagea Léon à nous donner lecture.

« A quelle conjecture ton esprit va-t-il se livrer, chère amie, à l'aspect de l'ambassadeur que je charge de déposer cette lettre à tes pieds? » Ce fut par l'entremise de l'ambassadeur turc à Paris, interrompit ici madame Dub**, que cette lettre parvint à sa destination. « Ton œil reconnaîtra-t-il dans les traits que ma main trace ici pour toi des caractères qui te furent si long-temps familiers? reconnaîtras-tu mon cœur au souvenir profond qu'il a gardé des plaisirs si doux, de l'intimité si tendre de notre première enfance? Mon nom, j'en suis sûre, est déja sur tes lèvres. Oui, ma chère Adéle, c'est ta bonne, c'est ta gentille Aline, dont tu as peut-être pleuré la mort, qui t'écrit du fond d'un harem!... — D'un harem!... Bon Dieu! — Rassure-toi, ma chère, mon rang est ici celui que doit occuper la beauté qui réunit à des *yeux de gazelle*, à *la douce face de la lune*, *la taille du palmier*, la *noblesse du cèdre*, la *grace de l'écureuil*, et *la prudence du serpent*.

« Mais, hélas! de combien de chagrins et de larmes a-t-il été le prix! et avec quels regrets ma pensée se reporte-t-elle encore vers ma patrie! écoute-moi bien, et ne perds pas un mot de mon récit.

« Tu as su quels motifs avaient déterminé le voyage de mon frère et le mien pour Marseille. Déja nous avions franchi le détroit de Gibraltar, et nous croyions toucher bientôt à cette France qu'appelaient tous nos vœux, quand nous nous en vîmes éloignés pour jamais.

« Depuis le commencement de la traversée, les passagers avaient établi l'usage de se réunir vers le déclin du jour sur le pont du bâtiment. Un soir que nous y jouissions de l'approche d'une de ces belles nuits si communes dans la Méditerranée, la vieille *Zara*, cette bonne négresse qui a élevé mon enfance, et qui, malgré l'âge, avait encore conservé des yeux de lynx, vint nous avertir qu'on apercevait un point noir à l'horizon. Nous avions l'esprit si préoccupé du bonheur de toucher bientôt au port, que personne de nous ne fit attention à l'impression d'inquiétude qui se manifesta sur la physionomie du capitaine. Mais l'agitation et la sombre rumeur qui se répandit parmi tout l'équipage nous tirèrent bientôt de notre sécurité. Nous apprîmes que l'on craignait que le bâtiment aperçu par Zara ne fût un corsaire barbaresque. Je te laisse à penser quelles alarmes nous agitèrent toute la nuit, et à quel désespoir elles firent place, quand, au point du jour, il ne fut plus permis de douter que nous étions poursuivis par un corsaire algérien, supérieur en force, et plus fin voilier que notre navire.

« La fuite était impossible, la résistance inutile ; cependant on résolut unanimement de tenter ce dernier parti. Chacun s'arma de ce qu'il put trouver sous sa main, et attendit l'ennemi de pied ferme. En quelques instants les pirates nous joignirent, prirent sur nous l'avantage du vent, et sautèrent à l'abordage. Les matelots et les passagers, peu accoutumés au maniement des armes, cédèrent au choc impétueux de nos vainqueurs. Mon frère fut un des derniers à se rendre. Adossé contre le grand mât du bâtiment, il vendit cher notre liberté, et ne reçut des fers qu'après avoir étendu à ses pieds plusieurs de ceux qui essayèrent de nous en charger; pendant cette scène d'horreurs je ne l'avais point quitté. J'étais résolue à vivre pour conserver ses jours s'il était blessé, ou s'il succombait à mourir à ses côtés.

« Pris ensemble, la même chaîne nous réunit, et elle parut plus légère à tous deux. A peine sentions-nous la rigueur de notre sort; toutes nos pensées étaient tournées vers un but unique, celui de combiner par quels moyens nous pourrions supporter ensemble notre esclavage; à ce prix nous pouvions encore y trouver des charmes. Nous arrivâmes ainsi à Alger en nous berçant d'illusions qui ne tardèrent pas à s'évanouir.

« A peine entrés dans le port, nous vîmes que notre malheur allait s'accroître de la seule circonstance qui pouvait l'aggraver. Le chef des corsaires donna l'ordre de débarquer tous les hommes, et de laisser les femmes à bord. Le tour de mon frère arriva des premiers, je ne puis te dire à quels transports m'emporta la douleur. Ne pouvant attendrir les barbares par mes paroles, j'imaginai d'avoir recours à tout ce que l'éloquence de l'action la plus suppliante put fournir de touchant à ma pensée. Je me jetai à leurs genoux, je baisai la poussière de leurs pieds ; tantôt serrant mon frère entre mes bras, j'essayais de leur faire comprendre qu'auprès de lui je serais une esclave humble et soumise ; tantôt m'en séparant avec fureur et désespoir, tout mon être leur exprimait que loin de lui je me montrerais rebelle et indomptable. Courant ensuite vers le bord du vaisseau, nous paraissions les conjurer de nous précipiter ensemble dans les flots. Mais hélas! je m'aperçus bientôt que nos efforts étaient inutiles. Au lieu de les toucher, cette pantomime passionnée ne servit qu'à les amuser, comme aurait fait un vain spectacle; à leur physionomie impassible, je jugeai que nous étions perdus; et en effet, quand leur chef crut que nous avions épuisé toutes les ressources d'un art si nouveau pour lui, il donna l'ordre de nous séparer. Il ne fallut rien moins que la force de plusieurs des gens de son équipage pour y parvenir. Quand je sentis rompre la chaîne qui m'unissait à mon frère, je crus que l'on avait brisé les derniers liens qui m'attachaient à la vie, je tombai sans mouvement aux pieds de ces barbares.

« Je ne sais combien de temps dura cette cruelle et douloureuse léthargie; mais quand je repris mes sens je me retrouvai en pleine mer sur un autre vaisseau que le corsaire qui nous avait capturés. La bonne Zara, qui avait partagé mon sort, et qui me prodiguait les plus tendres soins, m'apprit que nous avions été achetées par un Arménien, qu'il nous conduisait d'abord à Smyrne, d'où il devait se rendre à Constantinople, après avoir pris à bord d'autres esclaves qu'il attendait de Géorgie et de Circassie. Elle ajouta qu'à l'intérêt qu'il paraissait prendre à mes jours, elle ne doutait pas qu'Achmet (c'était le nom de notre nouveau maître) n'y attachât un grand prix. Pour moi, ils ne m'en devinrent que plus odieux, et cédant à-la-fois à l'incertitude où je me trouvais sur le sort de mon frère, et à l'horrible idée de celui qui m'était réservé, je résolus de mettre un terme à mon existence en me laissant mourir de faim. Nous étions gardées avec trop de soin pour que je pusse chercher un remède plus prompt à mes maux.

« J'étais depuis deux jours dans cette cruelle résolution, et je commençais déjà à trouver dans l'affaissement de mes forces une sorte de soulagement à mes peines, quand une circonstance que je n'ai jamais bien su si je devais attribuer au hasard ou à l'ingénieuse tendresse de Zara me rattacha à la vie au moment où je me trouvais près de la quitter.

« Tu te souviens peut-être encore de quelle réputation Zara jouissait à la Martinique pour son habileté dans l'art de tirer les cartes ; le succès étonnant de quelques unes de ses prédictions nous a plus d'une fois frappés d'admiration dans notre enfance. Au moment où les corsaires l'avaient dépouillée, Zara n'avait demandé à conserver que ses cartes, ce qui lui avait été accordé. C'était là la source où elle avait puisé des consolations et du courage. Te l'avouerai-je, l'habitude de voir Zara triste ou gaie, suivant ce qu'elle lisait dans son grimoire, finit par me porter à y placer moi-même quelque confiance. La douleur et la tendresse sont également superstitieuses : je la priai de consulter ses cartes pour m'instruire de la destinée de mon frère. J'espérais ensuite mourir plus tranquille.

« Ma bonne négresse se rendit avec empressement à mes vœux, et après m'avoir fait rigoureusement accomplir toutes les formalités d'usage, elle rangea ses cartes sur mon lit. « Valet de pique, dit-elle, en me montrant la première carte qui sortit, c'est votre frère. — Et mon cœur palpita d'espoir et de crainte. — As de carreau, grande nouvelle!... — La dame de trèfle, c'est vous, chère maîtresse.... — Le roi de carreau, et en même temps de s'écrier comme frappée d'admiration : Juste ciel! mais non, il n'est pas possible!.... Ce serait trop de bonheur, et cependant les cartes l'annoncent. — Eh bien! qu'y a-t-il, lui dis-je, avec autant d'anxiété que si elle eût prononcé sur ma vie, ce qu'elle faisait effectivement; que faut-il espérer? que faut-il craindre? — Séchez vos larmes, répondit-elle, en en répandant elle-même, mais avec l'expression de la joie la plus vive. Que de gloire, que de fortune, vous sont réservées! — Et mon frère?—Il sera libre, et c'est vous qui briserez ses fers, et c'est un grand prince!.... Au nom du ciel, reprenez courage, me dit-elle, en me serrant dans ses bras, et en me baignant de ses larmes, vivez, vivez pour votre frère qu'il faut rendre à la liberté, vivez pour vous-même que le bonheur attend encore, pour la pauvre Zara qui vous a vue naître et qui ne doit point vous voir mourir. »

« Cette scène produisit sur mon esprit une impression dont je ne puis mieux te faire juger la profondeur qu'en te disant qu'elle changea ma résolution première, et me rappela à des idées entièrement opposées. Je n'avais aucun projet bien arrêté, mais je me décidai à continuer le chemin de la vie avec le sentiment vague qu'à l'avenir tout n'y serait pas pour moi larmes et douleur. Je repris quelques aliments, et bientôt même je ne négligeai plus de relever par quelque parure le peu d'attraits que la nature m'a départis, bien convaincue que si la beauté avait quelques inconvénients dans ce pays, ce devait être, plus qu'en tout autre lieu du monde, un puissant moyen pour obtenir tout, sinon de la pitié, du moins de la passion des hommes.

« Quand nous arrivâmes à Smyrne, j'avais repris tout l'éclat de la jeunesse. Il paraît que mon Arménien en avait été lui-même ébloui, et qu'il avait vanté par la ville les attraits de sa jolie Française, ce qui me valut une visite de M. Lamouroux, consul de France. Cet homme généreux, après avoir entendu le récit de mes aventures, me proposa de me racheter, quoique je ne lui eusse révélé ni ma fortune ni mon nom. « Et mon frère, lui dis-je, me promettez-vous de briser en même temps ses fers? —Hélas! me répondit-il, où le trouver maintenant? Esclave à Alger, l'intervention du sultan lui-même suffirait à peine pour découvrir sa retraite et obtenir sa liberté.—Eh bien! lui dis-je, je ne puis accepter la mienne. » Le consul voulut insister, ses sollicitations furent inutiles, et je me rembarquai à Smyrne pour faire voile vers Constantinople où je me sentais poussée par je ne sais quelle fatalité.

« Pour nous mettre à l'abri des entreprises des pirates qui infestent l'Archipel, Achmet, qui avait trouvé à Smyrne les Géorgiennes et les Circassiennes qu'il y attendait, nous avait fait embarquer sur une *caravelle*[1] de la marine impériale.

« Je commençai, pendant la route, à réfléchir sérieusement sur la situation où je me trouvais et sur l'avenir qui m'attendait. Je n'en pus sonder sans

---

[1] Espèce de frégate.

effroi l'épouvantable abyme. Je sentis que je n'en pouvais sortir par des voies ordinaires, et que c'en était fait de mon frère et de moi si je me laissais ensevelir pour toujours dans le harem de quelque obscur osmanli. Puisant alors dans mes alarmes et dans ma tendresse une force qui ne m'était pas naturelle, que te dirai-je? confiante peut-être aussi dans la prédiction de Zara, j'allai trouver Achmet, et je lui parlai à-peu-près en ces termes : « Arménien, lui dis-je en langue romane, et avec un ton d'inspiration propre à imposer à des gens moins superstitieux que lui, ta fortune et la mienne sont entre tes mains. Si j'en dois juger par les égards que tu m'as témoignés jusqu'ici, tu ne m'as point confondue avec ces viles esclaves qui gémissent sous le fouet d'un kiaja[1], et dont l'ame grossière est indigne d'animer les attraits. Elles ne savent que charmer les yeux; je possède le secret de subjuguer les cœurs. Le ciel m'appelle à de hautes destinées, c'est à toi de les seconder. Cette femme, pour qui l'avenir n'a point de voiles, ajoutai-je en montrant Zara, m'a révélé ma grandeur; sois-en l'instrument docile, et tu peux compter sur mon éternelle reconnaissance. Ce sont les portes du sérail qu'il faut ouvrir devant moi; c'est en présence du sultan lui-même qu'il faut que tu m'introduises.

---

[1] Gardien des femmes esclaves.

Voilà ce que j'attends de toi ; le reste sera mon ouvrage. »

« Il me serait difficile de rendre l'impression de surprise et de respect que ce discours produisit sur Achmet. Il n'en aurait pas éprouvé davantage quand il aurait vu paraître à ses yeux une des houris du saint prophéte. J'en conçus un heureux augure pour le succès de mon projet, et je n'aspirai plus qu'après le moment où nous arriverions à *Stamboul* (peut-être ignores-tu que c'est le nom de Constantinople).

« Nous entrâmes enfin dans le *Bogaz*[1]. Mon impatience de toucher au port était telle que je remarquai à peine le magnifique tableau que cette ville présentait à mes yeux. Du côté de l'Asie c'est une succession non interrompue de villages riants et de bocages délicieux, au milieu desquels on remarque sur-tout les magnifiques jardins de *Sultania* et les dômes dorés de *Tchibouhli* ; du côté de l'Europe, la ville étale sur sept collines ses nombreuses mosquées, ses palais, et ses jardins, que les mouvements du terrain semblent multiplier encore. Achmet me montra le sérail, bâti sur une langue de terre qui s'avance au milieu des eaux. Je ne pus contempler sans palpiter d'inquiétude et d'effroi les tours et la formidable enceinte de ce vaste palais, au fond duquel reposaient mes destinées futures.

---

[1] Le détroit des Dardanelles.

« Enfin nous abordâmes. Une *caïque*[1] légère nous porta sur le rivage, et nous fûmes conduites, loin de tous les regards, jusqu'à la maison d'Achmet.

« Je crois que l'Arménien commençait à avoir plus de confiance que moi-même dans les espérances que je lui avais inspirées. Il fit rechercher à mon insu et acheter par toute la ville ce qu'il put imaginer de plus riche et de plus brillant pour en composer ma parure. Mais je refusai ces pompeux atours, et je n'acceptai qu'une pièce de mousseline des Indes, dont je me fis, avec l'aide de Zara, un de ces turbans gracieux que j'avais aperçus ici, et une robe flottante et légère comme celles que nous portions aux colonies. Achmet fut tout étonné de me trouver plus jolie dans ce simple appareil.

« J'attendais de jour en jour celui de ma présentation au sérail, lorsqu'Achmet vint m'annoncer qu'il lui avait été impossible de m'en faire ouvrir l'entrée : « Mais rassurez-vous, me dit-il en s'apercevant de la peine que me faisait éprouver cette nouvelle, je vous ai vendue, ainsi que votre vieille négresse, à Isaac-Aga, fils d'Ibrahim, chef des douanes de Constantinople, qui fera pour vous ce qu'il m'est impossible de faire moi-même. »

« Je me crus trahie par Achmet ; mais je découvris bientôt qu'il ne m'avait pas trompée. Seulement

---

[1] Petite barque.

comme les fréquents voyages auxquels l'obligeait son commerce ne lui permettaient pas d'attendre les effets de ma reconnaissance, il m'avait cédée à Isaac-Aga, qui m'avait achetée, comme un moyen de s'avancer dans les bonnes graces du sultan, et il me pria de reporter sur la tête de mon nouveau maître toutes les faveurs que j'aurais fait tomber sur la sienne.

« Isaac fut fidèle à sa parole, et je fus enfin introduite dans le sérail. Tout y était dans le trouble et la confusion. Une des quatre épouses légitimes du sultan, la plus chère à son cœur, la jeune et belle Katsmé, était dangereusement malade. Huit jours entiers se passèrent dans les alternatives d'espérance et de crainte qu'inspiraient les progrès ou le ralentissement de la maladie; enfin elle mourut. C'était le moment que l'on attendait pour mettre en jeu les intrigues ourdies de longue main par celles qui se flattaient de lui succéder. Quoique initiée à peine aux usages et à la langue du pays, rien ne m'échappait, et je t'avoue que, frappée moi-même des trésors de beauté que renfermait le sérail, je désespérais d'être jamais remarquée par le sultan. Je vis qu'il fallait avoir recours à d'autres armes. J'étais assez bonne musicienne. Je résolus d'appeler à mon aide les séductions de cet art enchanteur. Je demandai une harpe qu'on me procura après beaucoup de recherches, et je consacrai plusieurs heures de la journée à rappeler à ma mémoire tout ce que j'avais su de musique française et italienne, si supérieures à la musique barbare de ce pays.

« Je m'adonnais depuis quelque temps à cette étude quand le *kisla-aya*[1] vint annoncer à toutes les odalisques la visite du sultan. On nous réunit dans la salle la plus magnifique du harem, où nous attendîmes sa hautesse. Abdul-Hamed ne tarda pas à s'y présenter. Une sombre tristesse voilait son front; elle sembla redoubler à notre aspect. En vain ses femmes se précipitèrent autour de lui avec les plus vives démonstrations de tendresse et d'amour; il demeura insensible à leurs caresses. Il promena en soupirant ses regards sur chacune de nous, comme s'il eût cherché dans nos rangs quelqu'un qu'il n'y trouvait plus; et puis il s'éloigna avec l'expression du désespoir le plus terrible.

« Je ne sais si l'aspect de sa douleur ne me causa pas autant de plaisir que de peine. Il me sembla qu'un homme aussi malheureux ne serait pas inaccessible à la pitié, et un rayon d'espérance perça la nuit sombre qui enveloppait mon cœur.

« Dès que le sultan fut parti, nous retournâmes dans nos appartements. J'étais à peine rentrée dans le mien, que, promenant mes regards sur les jardins du sérail, j'aperçus Abdul-Hamed au fond d'une

---

[1] Chef des gardiens du harem.

allée de cyprès; il paraissait plongé dans une rêverie profonde. L'expression de cette douleur si vive réveilla celle qui n'était qu'assoupie dans mon ame; ma pensée se reporta vers mon pays, vers mon frère, et, m'approchant de ma harpe, je chantai en m'accompagnant de cet instrument qui avait seul le pouvoir de calmer mes peines, cet air, d'un des derniers opéra joués en France, et si bien approprié à sa situation:

Ah! laissez-moi, laissez-moi la pleurer!

« Les sanglots suffoquèrent bientôt ma voix, et deux torrents de larmes s'échappèrent de mes yeux; j'étais plongée dans cet abyme de douleur, quand la porte de ma chambre s'ouvrit avec bruit, c'était le sultan; profondément ému de cette touchante harmonie, il avait voulu savoir d'où partaient les accents qui avaient pénétré jusqu'à lui. Il s'assit près de moi, et me fit signe de recommencer les chants qu'il venait d'entendre; j'obéis; il parut écouter avec attendrissement, et s'éloigna en silence. Le lendemain, tous les jours suivants, il revint à la même heure, et chaque fois il me quittait plus calme, mais sans m'adresser un mot.

« J'ignorais que ces visites silencieuses m'eussent donné dans le harem la réputation de jouir de la plus haute faveur. Je faillis l'apprendre à mes dépens. Un jour que j'étais au bain avec mes compagnes, il s'éleva à mon arrivée un murmure sourd et terrible, et au même instant je les vis toutes m'entourer et se précipiter sur moi avec fureur. Sans le secours des eunuques que ma fidèle Zara avait avertis, je ne sais si elles ne m'eussent pas défigurée, de manière à n'avoir plus rien à redouter de mes faibles attraits.

« Cependant rien ne paraissait adoucir les regrets du sultan. J'avais cru même remarquer que depuis quelque temps sa physionomie était plus sombre, et que ma voix, loin de calmer son émotion, la redoublait encore. L'espérance était prête à s'éteindre dans mon cœur. Ne pouvant plus supporter cet état d'incertitude, je me décidai à rompre le silence la première fois qu'Abdul se présenterait dans mon appartement. Il y vint bientôt; et quand je crus par les plus doux chants avoir ouvert son ame aux sentiments généreux et tendres que je voulais lui inspirer : « Sublime sultan, lui dis-je en me jetant à ses pieds, mon art est vain pour charmer tes peines, le temps lui-même n'y apporte point de remède; essaye d'un nouveau moyen pour les calmer. J'ai entendu dire à des sages que nos malheurs diminuaient en proportion du bonheur que nous répandions sur nos semblables; je t'offre l'occasion d'alléger les tiens. Tu arroses de larmes stériles la place où s'élevait jadis une jeune fleur que le souffle glacé de la mort a fanée dans son printemps. Hélas! elle a touché au terme de ses maux; mais moi, je suis aussi une tendre fleur exilée du sol natal, séparée par l'orage du rameau fraternel sur lequel seul je puisais encore un reste de force et de vie!... Mon propre malheur est le moindre de mes tourments. Mon frère gémit dans l'esclavage à Alger, c'est pour lui que je tremble; généreux Abdul, brise ses fers, et rends-nous l'un et l'autre aux cieux qui nous ont vus naître. — Qui, moi? s'écria-t-il, que je te rende à ta patrie, que je renonce à toi, toi le charme de mes yeux, le baume consolateur de ce cœur ulcéré! non, jamais. Tu m'appartiens, Aline; » et au même instant il me serra avec force dans ses bras. « Je n'appartiens qu'à moi-même, répondis-je en m'en dégageant, et je ne renoncerai à cet empire qu'en faveur de l'homme qui rendra mon frère à la liberté. C'est pour sauver ses jours que j'ai consenti à conserver les miens; c'est pour le revoir encore que je me suis exposée à mille dangers, que j'ai pu consentir à vivre esclave, que je me suis ensevelie dans ce harem; et quand j'en ai franchi le seuil redoutable, j'avais placé mon espérance dans ta bonté. Si elle est déçue, je sais où est le remède à mes peines. Déja les portes du tombeau se sont entr'ouvertes devant moi; j'y ai entrevu la mort, et la paix profonde qu'elle nous promet ne m'a point effrayée. Mais, Abdul, si tu me rends mon frère, la vie de la malheureuse Aline est à toi, et, soumise à tes moindres volontés, consacrée à ton bonheur, elle deviendra avec reconnaissance la plus humble de tes esclaves. — Cœur généreux, reprit Abdul, ce n'est pas le destin qui t'est réservé ! » et il s'éloigna aussitôt après avoir prononcé à voix basse ces mots que je crus pourtant avoir bien distinctement entendus.

« Plus d'un mois se passa sans que j'osasse revenir sur le sujet de cet entretien. Abdul me sembla même, dans le cours des conversations assez intimes que nous commencions à avoir ensemble, éloigner avec soin tout ce qui aurait pu nous y ramener. Néanmoins je sentais que je faisais de nouveaux progrès sur son esprit et sur son cœur; mais j'attendais que mon ascendant me parût assez bien établi pour n'avoir plus un refus à craindre, quand je vis Abdul entrer chez moi avec un air de bonheur que je ne lui avais pas encore vu.

« Aline, me dit-il, tu as juré d'être la dernière des esclaves de l'homme qui briserait les fers de ton frère. Il en est un qui a été assez heureux pour l'avoir rendu à la liberté; mais il t'en a trouvée digne aussi; c'est au rang d'une épouse légitime qu'il prétend t'élever. J'ai long-temps combattu cette résolution; mais enfin je suis résolu d'y souscrire. Tout dépend maintenant de ta volonté. Es-tu prête à remplir ta promesse?» Et en achevant ces mots, il arrêta un regard pénétrant sur moi, comme pour saisir dans mon premier mouvement la pensée secrète de mon cœur. Abdul n'eut pas de peine à reconnaître, au milieu de la joie que me causait la nouvelle de la délivrance de mon frère, toute la peine que j'éprouvais d'en être redevable à un autre qu'à lui. Le chagrin qui troublait un pareil moment me révéla à moi-même l'existence d'un sentiment auquel je n'avais point encore songé.

« Magnanime Abdul, lui répondis-je enfin, la reconnaissance m'eût trop peu coûté si tu en eusses été l'objet; mais je ne croyais pas que le dernier sacrifice que j'aurais à faire au bonheur de mon frère serait le plus cruel. N'importe, que je le revoie, et je tombe dans les bras de son libérateur.—Viens donc dans les miens, s'écria Abdul, en faisant signe à un muet d'ouvrir une porte voisine d'où je vis sortir mon frère qui se précipita à mes pieds. »

« Je passe sur ce premier moment d'ivresse; tu es digne de le sentir, chère amie; mais je ne sais qui pourrait l'exprimer. J'interrogeai mon frère, et j'appris que par les soins du magnanime Abdul il avait été découvert parmi les gardes du dey d'Alger, où il avait demandé du service, dans quelque rang que ce fût, plutôt que de devenir esclave. Son brillant courage, et la connaissance qu'il avait de la tactique des Européens, l'avait fait remarquer malgré son jeune âge. Le sultan lui annonça en ma présence qu'il entrerait au collége des Icoglans, où il a passé plusieurs années avant de parvenir aux emplois élevés qu'il occupe sous le nom de Mehemet.

« Pour moi, ma chère, toujours plus chérie d'Abdul, j'ai eu le bonheur de donner un successeur à son trône. Retirée au fond du harem, l'éducation de mon fils est la plus douce occupation de ma vie, et je me berce parfois de l'idée consolante de donner à l'empire un grand homme qui fera sortir de ses ruines cette Grèce jadis si florissante, et qui effacera la limite qui sépare encore la Turquie des autres nations de l'Europe.

« *P. S.* Tu serais mécontente de moi si je n'ajoutais pas que la bonne Zara, rendue à la liberté, s'est ressentie de ma nouvelle fortune après m'avoir soutenue avec tant de fidélité et de courage dans la mauvaise. »

« A cette lettre, reprit madame Dub**, étaient joints de magnifiques présents en perles, en diamants, en étoffes de cachemire. Plus tard, lorsque Aline a été instruite de notre retraite, elle nous a fait participer aux mêmes faveurs; mais sa puissance ne fut pas de longue durée. Retirée au vieux sérail pendant les règnes de Sélim et de Mustapha, elle continua à s'y livrer à l'éducation de son fils Mahmoud. Lors de la révolution de Mustapha Baraictar, Mehemet, le frère d'Aline, qui s'était distingué en Égypte, revint à Constantinople, et, à la tête de deux mille Albanais, fit proclamer son neveu Mahmoud, qui ne devint cependant paisible possesseur du trône qu'à la mort de Mustapha IV. Pour reconnaître les services de son oncle, Mahmoud lui donna le gouvernement de l'Égypte, où il a réalisé chaque jour, par les miracles de son administration, une partie du rêve que la bonne Aline formait pour la Turquie. Quant à elle, après avoir pris le titre de *Sultane Validé*, à l'avénement de Mahmoud, elle a terminé sa romanesque carrière en 1817, à l'âge de cinquante-quatre ans. »

TABLE.

N° CXLV. La Route d'en-bas............ Page 3
CXLVI. Entrée en Normandie............... 16
CXLVII. L'Homme aux souvenirs............ 25
CXLVIII. Le Voyage par la fenêtre.......... 43
CXLIX. La Côte des deux amants............ 58
CL. Louviers 74
CLI. Superstition et Féodalité.............. 89
CLII. Le Juge et l'Accusateur 103
CLIII. De Pont-Audemer à Elbeuf.......... 120
CLIV. Rouen............................. 141
CLV. La Maison de Corneille.............. 155
CLVI. Le Jour de Halle 166
CLVII. La Bourse et les trois Vallées......... 180
CLVIII. Les Morts et les Vivants............ 193
CLIX. Les Rives de la Seine................ 213
CLX. Le Royaume d'Yvetot 234
CLXI Le Havre........................... 256
CLXII. Aline, ou la sultane Validé........... 275

FIN DE LA TABLE.

www.ingramcontent.com/pod-product-compliance
Lightning Source LLC
Chambersburg PA
CBHW071534160426
43196CB00010B/1765